35 Ejercicos para aprender Plotly.

Desde Cero.

Índice

Módulo 1: Introducción a Plotly

1.1 Introducción a la visualización de datos

La visualización de datos es el proceso de representar
información de manera gráfica para comunicar patrones,
tendencias o relaciones en los datos. Es una herramienta
fundamental en el análisis de datos y la toma de decisiones, ya
que permite comprender mejor la información y extraer insights
significativos.

Importancia de la Visualización de Datos

> Comprensión intuitiva: Las representaciones visuales hacen
> que los datos sean más accesibles y comprensibles para
> un público más amplio.
> Identificación de patrones y tendencias: Los gráficos
> revelan relaciones y patrones que pueden pasar
> desapercibidos en los datos en bruto.
> Comunicación efectiva: Facilita la comunicación de
> hallazgos complejos de una manera clara y concisa.

Tipos de Gráficos Comunes

- Gráficos de barras y columnas: Ideales para comparar
  categorías.

- Gráficos circulares: Muestran la proporción de cada categoría en un conjunto de datos.
- Gráficos de líneas: Útiles para mostrar tendencias a lo largo del tiempo o secuencias.
- Gráficos de dispersión: Representan la relación entre dos variables.
- Histogramas: Visualizan la distribución de datos numéricos.
- Mapas de calor: Muestran la densidad o la relación entre dos variables en una matriz.

Aspectos Clave de una Buena Visualización

- Claridad: La visualización debe ser fácil de entender y sin ambigüedades.
- Relevancia: Los elementos visuales deben estar alineados con los objetivos del análisis.
- Sencillez: Evitar el exceso de elementos innecesarios que puedan distraer.
- Interactividad: En entornos digitales, la capacidad de interactuar con la visualización puede proporcionar información adicional y mejorar la comprensión.

Herramientas Comunes para Visualización de Datos

- Plotly: Ofrece una amplia variedad de gráficos interactivos.
- Matplotlib: Librería de visualización de datos en Python, fácil de usar y versátil.
- Seaborn: Basada en Matplotlib, permite crear gráficos estadísticos atractivos.
- Tableau: Software potente para visualización de datos con capacidades avanzadas.

La visualización de datos es una herramienta esencial en el análisis y la presentación de datos. Al elegir la representación visual adecuada y aplicar buenas prácticas de diseño, se puede comunicar información de manera efectiva, permitiendo la comprensión y toma de decisiones fundamentadas.

1.2 Presentación de Plotly: ¿Qué es y por qué usarlo?

Plotly es una librería de visualización de datos interactiva y flexible en Python que permite crear gráficos atractivos y dinámicos. Ofrece una amplia gama de opciones para representar datos de manera efectiva y es popular entre científicos de datos, analistas y desarrolladores por varias razones:

Interactividad

- Gráficos interactivos: Permite a los usuarios explorar datos y obtener detalles adicionales al interactuar con los gráficos (zoom, hover, selección, etc.).
- Widgets y controles: Facilita la interacción con los gráficos mediante widgets, botones y controles deslizantes.

Variedad de Gráficos

- Diversidad de tipos: Ofrece una amplia gama de gráficos, desde simples como barras y líneas hasta más complejos como mapas de calor, gráficos 3D y diagramas de árbol.
- Gráficos combinados: Permite combinar varios tipos de gráficos en una sola visualización para una representación más completa de los datos.

Personalización y Estilo

- Configuración detallada: Permite personalizar cada aspecto del gráfico, incluyendo colores, tamaños, estilos de línea, etiquetas, entre otros.
- Estilos predefinidos: Ofrece múltiples estilos predefinidos para simplificar la creación de gráficos atractivos.

Facilidad de Uso

- Sintaxis simple: Su sintaxis es intuitiva y fácil de comprender, lo que facilita la creación de gráficos complejos con poco código.
- Documentación y comunidad: Cuenta con una documentación detallada y una comunidad activa que brinda soporte y recursos adicionales.

Exportación y Compartición

- Exportación y publicación: Permite exportar gráficos en diversos formatos (PNG, SVG, PDF) y compartirlos fácilmente en la web.
- Visualizaciones web embebidas: Facilita la inserción de gráficos interactivos en aplicaciones web o dashboards.

Integración con Python

- Compatibilidad con otras librerías: Se integra bien con otras librerías como Pandas, NumPy y Scikit-learn, lo que facilita la manipulación y visualización de datos.

Plotly es una herramienta poderosa y versátil para crear visualizaciones de datos atractivas y efectivas, siendo una opción preferida para aquellos que buscan gráficos interactivos y personalizables en Python.

1.3 Instalación y configuración de Plotly en entornos locales

Para instalar Plotly en entornos locales, se puede hacer mediante pip, el gestor de paquetes de Python. Aquí tienes los pasos para la instalación y configuración básica de Plotly:

Instalación con pip:

Instalación básica:

```
pip install plotly
```

Instalación con Jupyter Notebook:

Si utilizas Jupyter Notebook, puedes habilitar la visualización interactiva de Plotly ejecutando:

```
pip install "notebook>=5.3" "ipywidgets>=7.2"
```

Configuración y Uso Básico:

Importar Plotly:

- Importa Plotly en tu script o entorno de trabajo.

```python
import plotly.graph_objects as go
```

Crear un gráfico básico:

- Crea un gráfico simple para verificar si la instalación fue exitosa.

```python
fig = go.Figure(data=go.Scatter(x=[1, 2, 3], y=[4, 1, 2]))

fig.show()
```

Configurar la autenticación (opcional):

- Si planeas usar funciones que requieren conexión a la nube de Plotly, como guardar gráficos en línea, puedes configurar tu credencial API:

```python
import plotly.io as pio

pio.authenticate(username="tu_usuario", api_key="tu_clave")
```

Actualización:

Es recomendable mantener Plotly actualizado para aprovechar las últimas funciones y correcciones de errores:

```
pip install --upgrade plotly
```

Siguiendo estos pasos, deberías poder instalar, configurar y comenzar a utilizar Plotly en tu entorno local de Python.

1.4 Creación de gráficos básicos con Plotly

Aquí tienes ejemplos básicos de cómo crear algunos tipos comunes de gráficos utilizando Plotly en Python:

Gráfico de Barras:

```python
import plotly.graph_objects as go

# Datos para el gráfico de barras
categorias = ['A', 'B', 'C', 'D']
valores = [25, 40, 30, 55]

# Crear el gráfico de barras
fig = go.Figure(data=go.Bar(x=categorias, y=valores))

# Configurar el diseño del gráfico de barras
fig.update_layout(title='Gráfico de Barras',
xaxis_title='Categorías', yaxis_title='Valores')

# Mostrar el gráfico
```

```python
fig.show()
```

Gráfico de Líneas:

```python
import plotly.graph_objects as go

# Datos para el gráfico de líneas
x = [1, 2, 3, 4, 5]
y = [10, 20, 15, 25, 30]

# Crear el gráfico de líneas
fig = go.Figure(data=go.Scatter(x=x, y=y,
mode='lines+markers'))

# Configurar el diseño del gráfico de líneas
fig.update_layout(title='Gráfico de Líneas', xaxis_title='Eje
X', yaxis_title='Eje Y')

# Mostrar el gráfico
fig.show()
```

Gráfico de Torta:

```python
import plotly.graph_objects as go

# Datos para el gráfico de torta
labels = ['Manzanas', 'Plátanos', 'Uvas']
valores = [35, 25, 40]

# Crear el gráfico de torta
fig = go.Figure(data=go.Pie(labels=labels, values=valores))

# Configurar el diseño del gráfico de torta
fig.update_layout(title='Gráfico de Torta')
```

```python
# Mostrar el gráfico
fig.show()
```

Estos ejemplos muestran cómo crear gráficos básicos de barras, líneas y tortas utilizando Plotly en Python. Puedes personalizar estos gráficos ajustando los datos y configuraciones según tus necesidades específicas.

Módulo 2: Gráficos Básicos con Plotly

2.1 Gráficos de dispersión (scatter plots)

Los gráficos de dispersión (scatter plots) son útiles para visualizar
la relación entre dos variables continuas. Aquí te muestro cómo
crear un gráfico de dispersión con Plotly en Python:

Gráfico de Dispersión Básico:

```python
import plotly.graph_objects as go

import numpy as np


# Generar datos para el gráfico de dispersión

np.random.seed(0)

x = np.random.randn(100)

y = np.random.randn(100)


# Crear el gráfico de dispersión

fig = go.Figure(data=go.Scatter(x=x, y=y, mode='markers'))


# Configurar el diseño del gráfico de dispersión
```

```python
fig.update_layout(title='Gráfico de Dispersión',
xaxis_title='Eje X', yaxis_title='Eje Y')


# Mostrar el gráfico

fig.show()
```


Gráfico de Dispersión con Colores y Tamaños Variables:

```python
import plotly.graph_objects as go

import numpy as np


# Generar datos para el gráfico de dispersión con
colores y tamaños variables

np.random.seed(0)

x = np.random.randn(100)

y = np.random.randn(100)

sizes = np.random.rand(100) * 30

colors = np.random.rand(100)


# Crear el gráfico de dispersión con colores y
tamaños variables
```

```python
fig = go.Figure(data=go.Scatter(

    x=x,

    y=y,

    mode='markers',

    marker=dict(size=sizes, color=colors, opacity=0.7,
colorscale='Viridis', colorbar=dict(title='Color')))
)


# Configurar el diseño del gráfico de dispersión con
colores y tamaños variables

fig.update_layout(title='Gráfico de Dispersión con
Colores y Tamaños Variables', xaxis_title='Eje X',
yaxis_title='Eje Y')


# Mostrar el gráfico

fig.show()
```

Estos ejemplos muestran cómo crear gráficos de dispersión básicos y cómo agregar colores y tamaños variables a los puntos en Plotly. Puedes ajustar los datos, colores, tamaños y otras configuraciones para adaptar el gráfico según tus necesidades.

2.2 Gráficos de líneas y áreas

Los gráficos de líneas y áreas son útiles para visualizar tendencias
y cambios en datos a lo largo del tiempo o secuencias. Aquí te
muestro cómo crear gráficos de líneas y áreas con Plotly en
Python:

Gráfico de Líneas Básico:

```python
import plotly.graph_objects as go


# Datos para el gráfico de líneas

x = [1, 2, 3, 4, 5]

y = [10, 20, 15, 25, 30]


# Crear el gráfico de líneas

fig = go.Figure(data=go.Scatter(x=x, y=y, mode='lines'))


# Configurar el diseño del gráfico de líneas

fig.update_layout(title='Gráfico de Líneas Básico',
xaxis_title='Eje X', yaxis_title='Eje Y')


# Mostrar el gráfico
```

```python
fig.show()
```

Gráfico de Área Básico:

```python
import plotly.graph_objects as go


# Datos para el gráfico de área

x = [1, 2, 3, 4, 5]

y = [10, 20, 15, 25, 30]


# Crear el gráfico de área

fig = go.Figure(data=go.Scatter(x=x, y=y, fill='tozeroy'))


# Configurar el diseño del gráfico de área

fig.update_layout(title='Gráfico de Área Básico',
xaxis_title='Eje X', yaxis_title='Eje Y')


# Mostrar el gráfico

fig.show()
```

Estos ejemplos muestran cómo crear gráficos de líneas y áreas simples con Plotly en Python. Puedes personalizar estos gráficos ajustando los datos, colores, estilos y otras configuraciones según tus necesidades específicas.

2.3 Gráficos de barras y histogramas

aquí te muestro cómo crear gráficos de barras y histogramas

utilizando Plotly en Python:

Gráfico de Barras Básico:

```python
import plotly.graph_objects as go

# Datos para el gráfico de barras
categorias = ['A', 'B', 'C', 'D']
valores = [25, 40, 30, 55]

# Crear el gráfico de barras
fig = go.Figure(data=go.Bar(x=categorias,
y=valores))

# Configurar el diseño del gráfico de barras
fig.update_layout(title='Gráfico de Barras',
xaxis_title='Categorías', yaxis_title='Valores')

# Mostrar el gráfico
fig.show()
```

Histograma Básico:

```python
import plotly.figure_factory as ff
```

```python
import numpy as np

# Datos para el histograma
np.random.seed(0)
x = np.random.randn(100)

# Crear el histograma
fig = ff.create_distplot([x],
group_labels=['Distribución'], bin_size=0.5)

# Configurar el diseño del histograma
fig.update_layout(title='Histograma Básico',
xaxis_title='Valores', yaxis_title='Densidad')

# Mostrar el gráfico
fig.show()
```

Estos ejemplos muestran cómo crear gráficos de barras y histogramas básicos con Plotly en Python. Puedes ajustar los datos, bin size (tamaño de los intervalos en el histograma), colores, etiquetas y otras configuraciones según lo necesites.

2.4 Personalización de gráficos: títulos, etiquetas y colores

la personalización es fundamental para adaptar los gráficos a tus necesidades y mejorar su claridad. Aquí te muestro cómo personalizar títulos, etiquetas y colores en gráficos con Plotly en Python:

Personalización de Títulos y Etiquetas:

```python
import plotly.graph_objects as go

# Datos para el gráfico de barras
categorias = ['A', 'B', 'C', 'D']
valores = [25, 40, 30, 55]

# Crear el gráfico de barras con personalización de
títulos y etiquetas
fig = go.Figure(data=go.Bar(x=categorias,
y=valores))

# Configurar el diseño con títulos y etiquetas
personalizados
fig.update_layout(
 title={
 'text': 'Gráfico de Barras Personalizado',
 'y': 0.9, # Posición vertical del título
 'x': 0.5, # Posición horizontal del título
 'xanchor': 'center', # Anclaje horizontal del
título
 'yanchor': 'top' # Anclaje vertical del título
 },
 xaxis=dict(title='Categorías',
titlefont=dict(size=14, color='blue')), #
Configuración del eje X
 yaxis=dict(title='Valores', titlefont=dict(size=14,
color='green')) # Configuración del eje Y
)

# Mostrar el gráfico
fig.show()
```

Personalización de Colores:

```python
import plotly.graph_objects as go

# Datos para el gráfico de barras con colores personalizados
categorias = ['A', 'B', 'C', 'D']
valores = [25, 40, 30, 55]
colores_barras = ['red', 'green', 'blue', 'orange']

# Crear el gráfico de barras con colores personalizados
fig = go.Figure(data=go.Bar(x=categorias, y=valores,
marker_color=colores_barras))

# Configurar el diseño con colores personalizados
fig.update_layout(
 title='Gráfico de Barras con Colores Personalizados',
 xaxis=dict(title='Categorías'),
 yaxis=dict(title='Valores')
)

# Mostrar el gráfico
fig.show()
```

Estos ejemplos muestran cómo personalizar títulos, etiquetas y colores en gráficos de barras utilizando Plotly en Python. Puedes ajustar la posición, el tamaño de la fuerte, los colores de las etiquetas y otros aspectos del diseño según tus preferencias.

Módulo 3: Gráficos Avanzados

3.1 Gráficos 3D con Plotly

¡Los gráficos 3D son geniales para visualizar relaciones complejas entre tres variables! Aquí te muestro cómo crear gráficos 3D con Plotly en Python:

Gráfico de Superficie 3D:

```python
import plotly.graph_objects as go

import numpy as np


# Generar datos para el gráfico de superficie 3D

x = np.linspace(-5, 5, 100)

y = np.linspace(-5, 5, 100)

X, Y = np.meshgrid(x, y)

Z = np.sin(np.sqrt(X**2 + Y**2))


# Crear el gráfico de superficie 3D
```

```python
fig = go.Figure(data=[go.Surface(z=Z, x=X, y=Y)])


# Configurar el diseño del gráfico de superficie 3D

fig.update_layout(

 title='Gráfico de Superficie 3D',

 scene=dict(

 xaxis_title='Eje X',

 yaxis_title='Eje Y',

 zaxis_title='Eje Z',

 )

)


# Mostrar el gráfico

fig.show()
```

Gráfico de Dispersión 3D:

```python
import plotly.graph_objects as go

import numpy as np
```

```python
# Generar datos para el gráfico de dispersión 3D

np.random.seed(0)

x = np.random.randn(100)

y = np.random.randn(100)

z = np.random.randn(100)


# Crear el gráfico de dispersión 3D

fig = go.Figure(data=[go.Scatter3d(x=x, y=y, z=z,
mode='markers')])


# Configurar el diseño del gráfico de dispersión 3D

fig.update_layout(

 title='Gráfico de Dispersión 3D',

 scene=dict(

 xaxis_title='Eje X',

 yaxis_title='Eje Y',

 zaxis_title='Eje Z',

 )
```

```python
)


# Mostrar el gráfico

fig.show()
```

Estos ejemplos demuestran cómo crear gráficos 3D de superficie y dispersión utilizando Plotly en Python. Puedes ajustar los datos, el estilo, los ejes y otros aspectos del diseño según tus necesidades.

3.2 Gráficos de contorno y superficies

los gráficos de contorno y superficies son excelentes para visualizar distribuciones y patrones en conjuntos de datos tridimensionales. Aquí te muestro cómo crearlos con Plotly en Python:

Gráfico de Contorno 3D:

```python
import plotly.graph_objects as go

import numpy as np


# Generar datos para el gráfico de contorno 3D
```

```python
x = np.linspace(-5, 5, 100)

y = np.linspace(-5, 5, 100)

X, Y = np.meshgrid(x, y)

Z = np.sin(np.sqrt(X**2 + Y**2))


# Crear el gráfico de contorno 3D

fig = go.Figure(data=[go.Contour3d(x=X.flatten(),
y=Y.flatten(), z=Z.flatten(), opacity=0.6)])


# Configurar el diseño del gráfico de contorno 3D
fig.update_layout(
 title='Gráfico de Contorno 3D',

 scene=dict(

 xaxis_title='Eje X',

 yaxis_title='Eje Y',

 zaxis_title='Eje Z',

 )

)
```

```python
# Mostrar el gráfico

fig.show()
```

Gráfico de Superficie con Colormap:

```python
import plotly.graph_objects as go

import numpy as np


# Generar datos para el gráfico de superficie con colormap

x = np.linspace(-5, 5, 100)

y = np.linspace(-5, 5, 100)

X, Y = np.meshgrid(x, y)

Z = np.sin(np.sqrt(X**2 + Y**2))


# Crear el gráfico de superficie con colormap

fig = go.Figure(data=[go.Surface(z=Z, x=X, y=Y,
colorscale='Viridis')])


# Configurar el diseño del gráfico de superficie con
colormap
```

```python
fig.update_layout(

 title='Gráfico de Superficie con Colormap',

 scene=dict(

 xaxis_title='Eje X',

 yaxis_title='Eje Y',

 zaxis_title='Eje Z',

 )

)


# Mostrar el gráfico

fig.show()
```

Estos ejemplos ilustran cómo crear gráficos de contorno 3D y superficies con colormap utilizando Plotly en Python. Puedes ajustar los datos, el colormap, la opacidad y otros aspectos del diseño según tus necesidades específicas.

3.3 Mapas de calor y visualización geoespacial

Los mapas de calor y la visualización geoespacial son excelentes para representar la distribución espacial de datos. Aquí te muestro cómo crear mapas de calor y visualizaciones geoespaciales con Plotly en Python:

Mapa de Calor:

```python
import plotly.graph_objects as go

import numpy as np



# Generar datos para el mapa de calor

x = np.random.rand(10)

y = np.random.rand(10)

z = np.random.rand(10)



# Crear el mapa de calor

fig = go.Figure(data=go.Heatmap(x=x, y=y, z=z,
colorscale='Viridis'))



# Configurar el diseño del mapa de calor
```

```python
fig.update_layout(title='Mapa de Calor',
xaxis_title='Eje X', yaxis_title='Eje Y')


# Mostrar el gráfico

fig.show()
```

Visualización Geoespacial:

Plotly también es excelente para visualizar datos geoespaciales, como mapas. Aquí hay un ejemplo básico:

```python
import plotly.express as px


# Cargar un conjunto de datos de ejemplo de Plotly
Express

df = px.data.gapminder().query("year==2007")


# Crear el mapa geoespacial

fig = px.scatter_geo(df, locations='iso_alpha',
color='continent', hover_name='country', size='pop')


# Configurar el diseño del mapa geoespacial
```

```python
fig.update_layout(title='Visualización Geoespacial')
```

```python
# Mostrar el gráfico

fig.show()
```

Estos ejemplos demuestran cómo crear mapas de calor y visualizaciones geoespaciales utilizando Plotly en Python. Puedes ajustar los datos, los colores, los estilos y otros aspectos del diseño para adaptarlos a tus necesidades.

3.4 Gráficos de caja y bigotes (box plots)

Se detalla la creación de gráficos de caja y bigotes, que son útiles para visualizar la distribución de datos y los valores atípicos. Se enseña cómo interpretar y personalizar este tipo de gráficos.

Los gráficos de caja y bigotes son excelentes para representar la distribución estadística de un conjunto de datos, mostrando la mediana, los cuartiles y los valores atípicos. Aquí te muestro cómo crear gráficos de caja y bigotes con Plotly en Python:

Gráfico de Caja y Bigotes Básico:

```python
import plotly.graph_objects as go

import numpy as np
```

```python
# Generar datos para el gráfico de caja y bigotes

np.random.seed(0)

datos = [np.random.normal(0, std, 100) for std in
range(1, 4)]


# Crear el gráfico de caja y bigotes

fig = go.Figure(data=go.Box(y=datos))


# Configurar el diseño del gráfico de caja y bigotes

fig.update_layout(title='Gráfico de Caja y Bigotes
Básico', yaxis_title='Valores')


# Mostrar el gráfico

fig.show()
```

Este ejemplo crea un gráfico de caja y bigotes básico con tres conjuntos de datos generados aleatoriamente, cada uno con una desviación estándar diferente. Puedes ajustar los datos y otras configuraciones para adaptar el gráfico según tus necesidades específicas.

Módulo 4: Interactividad y Animaciones

4.1 Añadiendo interactividad a los gráficos

Agregar interactividad a los gráficos es una excelente manera de permitir que los usuarios exploren datos y obtengan detalles específicos al interactuar con la visualización. Aquí tienes cómo añadir interactividad a los gráficos con Plotly en Python:

Agregar Interactividad Básica:

```python
import plotly.graph_objects as go

import numpy as np


# Generar datos para el gráfico interactivo

x = np.linspace(0, 10, 100)

y = np.sin(x)


# Crear el gráfico interactivo

fig = go.Figure(data=go.Scatter(x=x, y=y,
mode='lines'))
```

```python
# Configurar el diseño con interactividad básica

fig.update_layout(

 title='Gráfico Interactivo Básico',

 xaxis=dict(title='Eje X'),

 yaxis=dict(title='Eje Y'),

 template='plotly', # Utilizar la plantilla de
Plotly para diseño

)


# Agregar interactividad adicional

fig.update_traces(hoverinfo='x+y+name') # Mostrar
información al pasar el mouse


# Mostrar el gráfico

fig.show()
```

Este ejemplo básico crea un gráfico interactivo de una función sinusoidal y muestra información adicional al pasar el mouse sobre la línea.

Más Interactividad con Botones y Controles:

```python
import plotly.graph_objects as go

import numpy as np


# Generar datos para gráficos interactivos

x = np.linspace(0, 10, 100)

y1 = np.sin(x)

y2 = np.cos(x)


# Crear el gráfico interactivo con botones

fig = go.Figure()


fig.add_trace(go.Scatter(x=x, y=y1, mode='lines',
name='sin(x)'))

fig.add_trace(go.Scatter(x=x, y=y2, mode='lines',
name='cos(x)'))
```

```python
# Configurar el diseño con botones para
interactividad

fig.update_layout(

 title='Gráfico Interactivo con Botones',

 xaxis=dict(title='Eje X'),

 yaxis=dict(title='Eje Y'),

 template='plotly', # Utilizar la plantilla de
Plotly para diseño

 updatemenus=[{'buttons': [

 {'method': 'restyle', 'args': [{'visible': [True,
False]}], 'label': 'sin(x)'},

 {'method': 'restyle', 'args': [{'visible': [False,
True]}], 'label': 'cos(x)'}

 ]}]

)



# Mostrar el gráfico

fig.show()
```

En este ejemplo, se crean gráficos interactivos con botones para alternar entre las funciones sinusoidal y cosinusoidal.

Puedes adaptar estos ejemplos para agregar más interactividad, controles de filtrado, animaciones y otros elementos que permitan una exploración más dinámica de los datos.

4.2 Creación de gráficos animados

Crear gráficos animados es una manera efectiva de mostrar la evolución de los datos a lo largo del tiempo o a través de diferentes categorías. Aquí tienes un ejemplo de cómo crear un gráfico animado con Plotly en Python:

Gráfico de Líneas Animado:

```python
import plotly.graph_objects as go

import numpy as np


# Generar datos para el gráfico animado

frames = 50

t = np.linspace(0, 10, 100)

x = np.sin(t)

y = np.cos(t)


# Crear el gráfico de líneas animado
```

```python
fig = go.Figure(

 data=go.Scatter(x=x, y=y, mode='markers'),

 layout=go.Layout(

 title='Gráfico Animado de Trayectorias Circulares',

 xaxis=dict(range=[-1.5, 1.5], autorange=False),

 yaxis=dict(range=[-1.5, 1.5], autorange=False),

 updatemenus=[dict(type='buttons', showactive=False,

 buttons=[dict(label='Reproducir',

 method='animate',

 args=[None, dict(frame=dict(duration=100,
redraw=True),

 fromcurrent=True)])])]
 ),

 frames=[go.Frame(data=go.Scatter(x=[x[k]],
y=[y[k]], mode='markers', marker=dict(color='red',
size=10)),

 name=str(k)) for k in range(frames)]

)


# Configurar la animación
```

```python
fig.update_layout(updatemenus=[dict(type='buttons',
showactive=False, buttons=[dict(label='Play',

 method='animate', args=[None,
dict(frame=dict(duration=100, redraw=True),

 fromcurrent=True)])])])


# Configurar la duración de la animación y
transición entre frames

fig.update_layout(transition=dict(duration=0),
frames=dict(duration=100))


# Mostrar el gráfico

fig.show()
```

Este ejemplo crea un gráfico animado que muestra trayectorias circulares a lo largo del tiempo.

Puedes adaptar estos ejemplos para mostrar la evolución de datos en diferentes escenarios, ajustando la duración, la transición entre frames y otros parámetros según sea necesario.

4.3 Implementación de eventos y acciones interactivas

- Eventos del usuario: Se explora cómo capturar eventos del usuario, como clics o selecciones, y cómo utilizarlos para desencadenar acciones específicas en los gráficos de Plotly.
- Actualizaciones dinámicas: Se muestra cómo actualizar los gráficos de manera dinámica en respuesta a las interacciones del usuario, brindando una experiencia más inmersiva.
- Acciones personalizadas: Se detalla cómo implementar acciones específicas según los eventos capturados, como filtrar datos, resaltar elementos o cambiar la visualización en función de las interacciones del usuario.

Implementar eventos y acciones interactivas en gráficos puede mejorar la experiencia del usuario al permitirles interactuar directamente con los datos. Aquí hay un ejemplo básico de cómo implementar eventos interactivos con Plotly en Python:

Implementación de Eventos al Hacer Clic:

```python
import plotly.graph_objects as go

import numpy as np



# Generar datos para el gráfico interactivo
```

```python
x = np.linspace(0, 10, 100)

y = np.sin(x)


# Crear el gráfico interactivo

fig = go.Figure(data=go.Scatter(x=x, y=y,
mode='lines'))


# Configurar el diseño con evento al hacer clic

fig.update_layout(

 title='Gráfico Interactivo con Evento al Hacer
Clic',

 xaxis=dict(title='Eje X'),

 yaxis=dict(title='Eje Y'),

)


# Implementar evento al hacer clic

def handle_click(trace, points, state):

 if points.point_inds:

 print(f"Punto seleccionado: {points.point_inds[0]}
- Valor Y: {points.y[0]}")
```

```python
fig.data[0].on_click(handle_click)


# Mostrar el gráfico

fig.show()
```

En este ejemplo, al hacer clic en un punto del gráfico interactivo, se imprimirá en la consola el índice del punto seleccionado y su valor en el eje Y.

Puedes expandir estas funcionalidades para incluir eventos como desplazamientos, selecciones de área, botones, entre otros. Personaliza las acciones y eventos según tus necesidades específicas y los requisitos de interactividad de tu aplicación.

Módulo 5: Visualización Avanzada

5.1 Gráficos combinados y subtramas

Gráficos Combinados:

```python
import plotly.graph_objects as go

import numpy as np


# Generar datos para los gráficos combinados

x = np.linspace(0, 10, 100)

y1 = np.sin(x)

y2 = np.cos(x)


# Crear los gráficos combinados

fig = go.Figure()


# Agregar trazas para cada gráfico

fig.add_trace(go.Scatter(x=x, y=y1, mode='lines',
name='sin(x)'))
```

```python
fig.add_trace(go.Scatter(x=x, y=y2, mode='lines',
name='cos(x)'))


# Configurar el diseño de los gráficos combinados

fig.update_layout(

 title='Gráficos Combinados',

 xaxis=dict(title='Eje X'),

 yaxis=dict(title='Eje Y'),

)


# Mostrar el gráfico combinado

fig.show()
```

Subtramas:

```python
import plotly.graph_objects as go

from plotly.subplots import make_subplots

import numpy as np


# Generar datos para las subtramas
```

```python
x = np.linspace(0, 10, 100)

y1 = np.sin(x)

y2 = np.cos(x)


# Crear subtramas

fig = make_subplots(rows=2, cols=1,
subplot_titles=('sin(x)', 'cos(x)'))


# Agregar trazas a cada subtrama

fig.add_trace(go.Scatter(x=x, y=y1, mode='lines'),
row=1, col=1)

fig.add_trace(go.Scatter(x=x, y=y2, mode='lines'),
row=2, col=1)


# Configurar el diseño de las subtramas

fig.update_layout(title='Subtramas', height=600,
width=800)


# Mostrar las subtramas

fig.show()
```

Estos ejemplos muestran cómo crear gráficos combinados con múltiples trazas en una sola figura y cómo utilizar subtramas para organizar diferentes visualizaciones en filas o columnas separadas. Puedes ajustar el diseño, los datos y otras configuraciones según tus necesidades específicas.

5.2 Paneles de visualización (dashboards)

Los paneles de visualización, comúnmente conocidos como dashboards, son herramientas poderosas para presentar de manera visual y fácilmente digerible una variedad de datos e información. Con Plotly, Dash es la herramienta asociada para la creación de dashboards interactivos en Python.

¿Qué son los Dashboards?

- Consolidación de Datos: Los dashboards combinan múltiples visualizaciones y elementos (gráficos, tablas, controles) en una sola interfaz.
- Interactividad: Permiten a los usuarios interactuar con los datos, filtrar información, cambiar vistas y obtener información específica según sus necesidades.
- Monitoreo y Análisis: Son útiles para monitorear el rendimiento de métricas clave, resaltar tendencias, y facilitar la toma de decisiones informadas.

Creación de Dashboards con Plotly Dash:

- Componentes y Diseño: Dash permite diseñar dashboards mediante el uso de componentes (gráficos, tablas, controles) colocados en un layout específico.

- Interactividad: Puedes agregar controles (botones, sliders, dropdowns) para permitir a los usuarios interactuar con los datos en tiempo real.
- Estilos y Personalización: Dash permite la personalización del estilo y diseño de los dashboards para ajustarse a las necesidades de presentación.

Ejemplo Básico de Dashboard con Dash:

```python
import dash
from dash import dcc, html

# Inicializar la aplicación Dash
app = dash.Dash(__name__)

# Diseñar el layout del dashboard
app.layout = html.Div([
 html.H1('Mi Dashboard'),
 dcc.Graph(
 id='grafico',
 figure={
 'data': [
 {'x': [1, 2, 3], 'y': [4, 1, 2], 'type': 'bar',
'name': 'Grupo 1'},
 {'x': [1, 2, 3], 'y': [2, 4, 5], 'type': 'bar',
'name': 'Grupo 2'}
 ],
 'layout': {
 'title': 'Gráfico de Barras'
 }
 }
 )
])

# Ejecutar la aplicación Dash
if __name__ == '__main__':
 app.run_server(debug=True)
```

Este es un ejemplo básico que muestra un dashboard con un gráfico de barras utilizando Dash. Puedes agregar más componentes, personalizar el diseño y agregar interactividad para crear dashboards más complejos y útiles.

Recursos para Aprender Dash:

- Documentación de Dash: Tutoriales, ejemplos y documentación oficial de Dash.
- Cursos en línea en plataformas como Udemy, Coursera, y otros, que ofrecen tutoriales completos sobre la creación de dashboards con Dash.

Los dashboards son herramientas esenciales para resumir grandes volúmenes de datos en presentaciones visuales y significativas. Con Dash y Plotly, puedes construir dashboards interactivos y personalizados para una variedad de aplicaciones y campos.

5.3 Herramientas de análisis y personalización avanzada

Para análisis avanzado y personalización detallada en visualización de datos con Plotly, existen varias herramientas y técnicas que pueden ser útiles:

1. Pandas y Plotly:

- Integración con Pandas: Plotly se integra bien con Pandas, lo que permite manipular datos en DataFrames y visualizarlos directamente con Plotly.

2. Análisis Estadístico y Gráficos Avanzados:

- Estadísticas Descriptivas: Utiliza Pandas para realizar análisis estadísticos descriptivos y luego visualiza los resultados con Plotly.
- Gráficos Avanzados: Plotly permite crear gráficos 3D, gráficos de contorno, diagramas de caja, mapas de calor, entre otros, para visualizar datos complejos.

3. Personalización Avanzada:

- Temas Personalizados: Crea temas personalizados para tus gráficos con Plotly para mantener una consistencia visual en tus presentaciones.
- Estilos CSS: Utiliza CSS para personalizar aún más el aspecto visual de tus gráficos y dashboards en Dash.

4. Interactividad y Actualización de Datos en Tiempo Real:

- Actualización Dinámica: Actualiza dinámicamente los datos en gráficos y dashboards Dash utilizando técnicas de actualización en tiempo real.

- Eventos y Acciones Interactivas: Implementa interactividad avanzada con Dash para permitir a los usuarios filtrar, seleccionar y explorar datos interactivamente.

5. Machine Learning y Plotly:

- Integración con Machine Learning: Utiliza Plotly para visualizar resultados de modelos de Machine Learning, como gráficos de predicción, matrices de confusión, etc.
- Dash con Modelos ML: Desarrolla dashboards interactivos con Dash para visualizar resultados y métricas de modelos de Machine Learning en tiempo real.

6. Combinación de Gráficos y Elementos en Dashboards:

- Personalización de Dashboards: Combina múltiples gráficos, tablas, controles e incluso mapas en un único dashboard interactivo utilizando Dash y Plotly.

Estas herramientas y técnicas avanzadas te permiten llevar la visualización de datos con Plotly a un nivel más sofisticado, brindando opciones para análisis detallado, personalización precisa y presentación interactiva de datos complejos.

Módulo 6: Integración y Despliegue

El módulo de Integración y Despliegue en el contexto de la visualización de datos con Plotly y Dash se centra en la implementación de tus creaciones en entornos de producción y su integración con otras herramientas. Aquí tienes algunos temas clave:

1. Despliegue de Dashboards:

- Despliegue en Servidores Web: Aprender a desplegar tus dashboards Dash en servidores web para que sean accesibles en línea.
- Uso de Plataformas en la Nube: Explorar opciones como Heroku, AWS, GCP, o Azure para hospedar tus aplicaciones Dash en la nube.

2. Integración con Herramientas de Análisis de Datos:

- Integración con Jupyter Notebooks: Integrar visualizaciones interactivas de Plotly y Dash en Notebooks para un análisis más completo.
- Integración con otras Librerías: Combinar Plotly y Dash con otras librerías y herramientas de análisis de datos como Pandas, NumPy, y scikit-learn.

3. Actualización y Mantenimiento:

- Automatización de Actualizaciones: Configurar la actualización automática de datos en tus dashboards para mantener la información siempre actualizada.

- Monitoreo y Mantenimiento: Establecer procedimientos de monitoreo y mantenimiento para asegurar el rendimiento continuo de tus aplicaciones.

4. Optimización de Rendimiento:

- Optimización de Carga: Asegurarte de que tus aplicaciones se carguen de manera rápida y eficiente, incluso con grandes conjuntos de datos.
- Optimización de Interactividad: Garantizar que la interactividad en tus dashboards funcione sin problemas, incluso bajo cargas pesadas.

5. Seguridad:

- Protección de Datos: Implementar medidas de seguridad para proteger los datos y la aplicación contra amenazas externas.
- Gestión de Acceso: Configurar permisos y autenticación para controlar quién puede acceder a tus dashboards y con qué nivel de acceso.

6. Escalabilidad:

- Escalabilidad de Aplicaciones: Asegurarte de que tus dashboards sean escalables y capaces de manejar un mayor número de usuarios y datos a medida que tu aplicación gane popularidad.

7. Mejores Prácticas y Documentación:

- Documentación de Código: Mantener una documentación clara y detallada para que otros colaboradores puedan entender y mantener tu código.

- Implementación de Mejores Prácticas: Seguir prácticas recomendadas para desarrollo, despliegue y mantenimiento de aplicaciones Dash y visualizaciones con Plotly.

Este módulo es fundamental para llevar tus proyectos de visualización de datos desde la etapa de desarrollo hasta el entorno de producción, asegurando un despliegue exitoso y un rendimiento óptimo de tus aplicaciones.

Exportación de gráficos:

La exportación de gráficos es crucial para compartir visualizaciones y trabajar con ellas en diferentes contextos, ya sea en informes, presentaciones, sitios web o aplicaciones. Plotly ofrece varias opciones para exportar gráficos:

1. Exportar Imágenes:

- Exportar a Imágenes Estáticas: Puedes exportar gráficos de Plotly a formatos de imagen estática como PNG, JPEG o SVG directamente desde la interfaz de usuario de Plotly. Esto se puede hacer utilizando la barra de herramientas de Plotly o el menú de opciones de exportación.

2. Guardar como HTML:

- Guardar Gráficos como Archivos HTML: Plotly permite guardar gráficos interactivos como archivos HTML, lo que conserva la interactividad del gráfico. Los archivos HTML pueden ser compartidos y abiertos en navegadores web modernos.

3. Exportar como JSON:

- Exportar a Formato JSON: Los gráficos de Plotly pueden ser guardados y exportados como archivos JSON. Esto permite compartir y cargar configuraciones específicas del gráfico en otro momento.

4. Conversión a Otros Formatos:

- Conversión a Otros Formatos: Puedes utilizar herramientas de terceros o funciones de conversión para transformar gráficos de Plotly a otros formatos, como PDF o DOCX, para su inclusión en informes o documentos.

Ejemplo de Exportación a Imagen Estática:

```python
import plotly.graph_objects as go


# Crear un gráfico de ejemplo

fig = go.Figure(data=go.Scatter(x=[1, 2, 3], y=[4, 1, 2]))


# Guardar el gráfico como imagen PNG

fig.write_image("grafico.png") # Se guardará como grafico.png en el directorio actual
```

Este ejemplo muestra cómo guardar un gráfico de Plotly como una imagen PNG utilizando la función `write_image()`.

La exportación de gráficos en Plotly te permite compartir tus visualizaciones de manera efectiva en diferentes entornos y formatos, manteniendo la calidad y la interactividad cuando sea necesario. Utiliza la opción que mejor se ajuste a tus necesidades específicas en cada situación.

Integración con frameworks y aplicaciones:

La integración de Plotly y Dash con otros frameworks y aplicaciones ofrece oportunidades para desarrollar soluciones más robustas y personalizadas. Aquí hay algunas formas comunes de integrar Plotly y Dash con otros frameworks y aplicaciones:

1. Integración con Flask:

- Uso de Flask con Dash: Puedes integrar Dash (Dashboards interactivos) en una aplicación Flask existente. Esto te permite añadir visualizaciones interactivas de Dash a tu aplicación Flask.

2. Integración con Django:

- Incorporar Dash en Django: Similar a Flask, puedes integrar Dash en un proyecto Django para añadir componentes interactivos de visualización de datos en una aplicación Django.

3. Incorporación en Jupyter Notebooks:

- Visualizaciones Interactivas en Notebooks: Plotly y Dash pueden ser utilizados en Jupyter Notebooks para crear visualizaciones interactivas directamente en el entorno de desarrollo.

4. Uso en Aplicaciones Web:

- Integración en Aplicaciones Web: Incorporar gráficos de Plotly en aplicaciones web existentes utilizando JavaScript y la biblioteca de Plotly para JavaScript.

5. Uso en Aplicaciones de Machine Learning:

- Visualizaciones en Aplicaciones de ML: Incorporar visualizaciones interactivas de Plotly en aplicaciones de Machine Learning para presentar resultados y análisis de datos de manera efectiva.

6. Integración en Herramientas de Business Intelligence (BI):

- Uso en Herramientas de BI: Utilizar visualizaciones de Plotly y Dash dentro de plataformas de BI como Tableau, Power BI o Looker para mejorar las opciones de visualización y análisis de datos.

Ejemplo de Integración con Flask:

Aquí hay un ejemplo básico de cómo integrar un dashboard Dash en una aplicación Flask:

```
from flask import Flask
```

```python
import dash

import dash_html_components as html


server = Flask(__name__)

app = dash.Dash(__name__, server=server)


app.layout = html.Div("Mi Dashboard Dash integrado
en Flask")


if __name__ == '__main__':

  server.run(debug=True)
```

En este ejemplo, se inicia una aplicación Flask y se integra un layout básico de Dash dentro de la aplicación Flask. Este es un punto de partida que puede ser ampliado para construir aplicaciones más complejas.

La integración con otros frameworks y aplicaciones amplía las posibilidades de uso de Plotly y Dash, permitiendo la creación de visualizaciones más potentes y la incorporación de funcionalidades interactivas en diferentes contextos de desarrollo de software.

Despliegue de visualizaciones:

El despliegue de visualizaciones se refiere a poner en producción tus creaciones gráficas, permitiendo que sean accesibles para otros usuarios. Aquí hay algunas opciones comunes para desplegar visualizaciones creadas con Plotly y Dash:

1. Despliegue Local:

- Servidor Local: Puedes ejecutar Dash y Plotly en un servidor local para acceder a las visualizaciones desde tu propio equipo. Esto es útil para desarrollo y pruebas antes de la implementación.

2. Plataformas de Despliegue en la Nube:

- Heroku: Plataforma popular que permite desplegar aplicaciones web gratuitamente.
- AWS (Amazon Web Services): Ofrece diferentes servicios (Elastic Beanstalk, EC2) para desplegar aplicaciones Dash y Plotly.
- Google Cloud Platform (GCP): Permite desplegar aplicaciones en Google App Engine u otras opciones.
- Microsoft Azure: Ofrece opciones para despliegue de aplicaciones Dash y Plotly en la nube de Azure.

3. Compartir Dashboards en la Web:

- Compartir con Dash Enterprise: Dash Enterprise es una plataforma diseñada específicamente para el despliegue y administración de aplicaciones Dash.
- Publicación en GitHub Pages: Puedes hospedar visualizaciones estáticas exportadas (como archivos HTML) en GitHub Pages.

Ejemplo de Despliegue en Heroku:

Asegúrate de tener un archivo `requirements.txt` que enumere las librerías necesarias para tu aplicación Dash.
Crea un archivo `Procfile` que especifique cómo ejecutar tu aplicación.
Utiliza Heroku CLI para desplegar tu aplicación siguiendo los pasos indicados en la documentación oficial de Heroku.

El despliegue varía según la plataforma que elijas, pero generalmente implica subir tus archivos y configurar el entorno para que tu aplicación Dash sea accesible en línea.

Consideraciones de Despliegue:

- Seguridad: Asegúrate de proteger tus visualizaciones y datos sensibles al desplegar en entornos públicos.
- Escalabilidad: Verifica que tu solución de despliegue sea escalable para manejar diferentes cargas y número de usuarios.
- Mantenimiento y Actualizaciones: Planifica para futuras actualizaciones y mantenimiento de tus aplicaciones desplegadas.

El despliegue de visualizaciones es crucial para compartir tus análisis y hallazgos con otros usuarios o para su integración en aplicaciones y sistemas más amplios. Es importante elegir la plataforma de despliegue que mejor se adapte a tus necesidades y recursos disponibles.

Módulo 7: Casos de Uso y Práctica

Ejercicio 1. Crea una Gráfica de Barras.

```python
import plotly.graph_objects as go


# Datos de ejemplo

categorias = ['A', 'B', 'C', 'D']

valores = [23, 45, 56, 78]


# Crear el gráfico de barras

fig = go.Figure(data=[go.Bar(x=categorias,
y=valores)])


# Configurar el diseño del gráfico

fig.update_layout(

    title='Gráfico de Barras',

    xaxis=dict(title='Categorías'),
```

```python
    yaxis=dict(title='Valores')
)


# Mostrar el gráfico

fig.show()
```

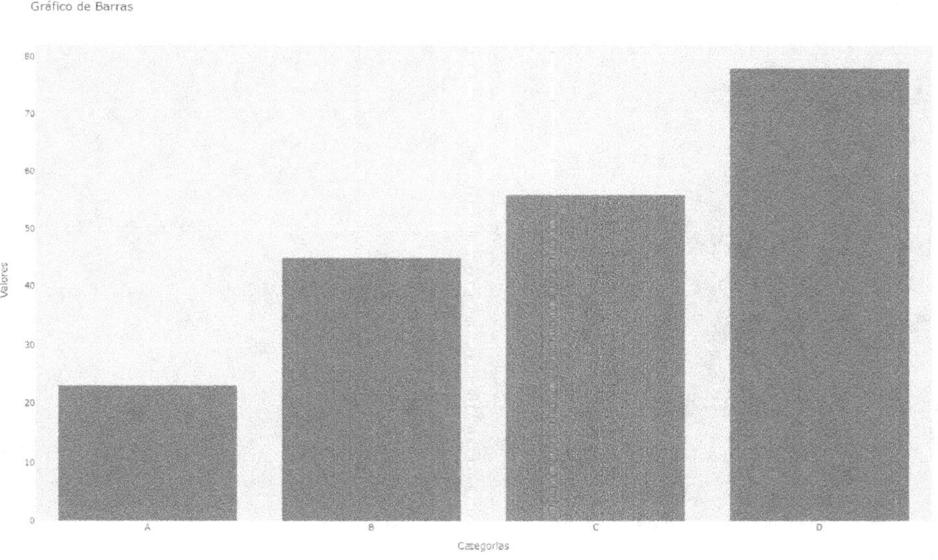

Este código crea un gráfico de barras simple con datos ficticios.
Puedes modificar las listas `categorias` y `valores` con tus propios
datos para visualizar gráficos de barras personalizados.

Ejercicio 2. Crea un Gráfico de Dispersión.

Aquí tienes otro ejercicio utilizando Plotly para crear un gráfico de dispersión (scatter plot) con tres conjuntos de datos diferentes:

```python
import plotly.graph_objects as go

import random


# Datos de ejemplo

num_puntos = 50

x = [random.randint(1, 100) for _ in
range(num_puntos)]

y1 = [random.randint(1, 100) for _ in
range(num_puntos)]

y2 = [random.randint(1, 100) for _ in
range(num_puntos)]

y3 = [random.randint(1, 100) for _ in
range(num_puntos)]
```

```python
# Crear el gráfico de dispersión

fig = go.Figure()


fig.add_trace(go.Scatter(x=x, y=y1, mode='markers',
name='Serie 1'))

fig.add_trace(go.Scatter(x=x, y=y2, mode='markers',
name='Serie 2'))

fig.add_trace(go.Scatter(x=x, y=y3, mode='markers',
name='Serie 3'))


# Configurar el diseño del gráfico

fig.update_layout(

  title='Gráfico de Dispersión con Múltiples Series',

  xaxis=dict(title='Eje X'),

  yaxis=dict(title='Eje Y')

)


# Mostrar el gráfico

fig.show()
```

Este código genera un gráfico de dispersión con tres conjuntos de datos diferentes ($y1$, $y2$, $y3$) en función de una variable x. Puedes modificar los datos y los nombres de las series para adaptar el gráfico a tu preferencia.

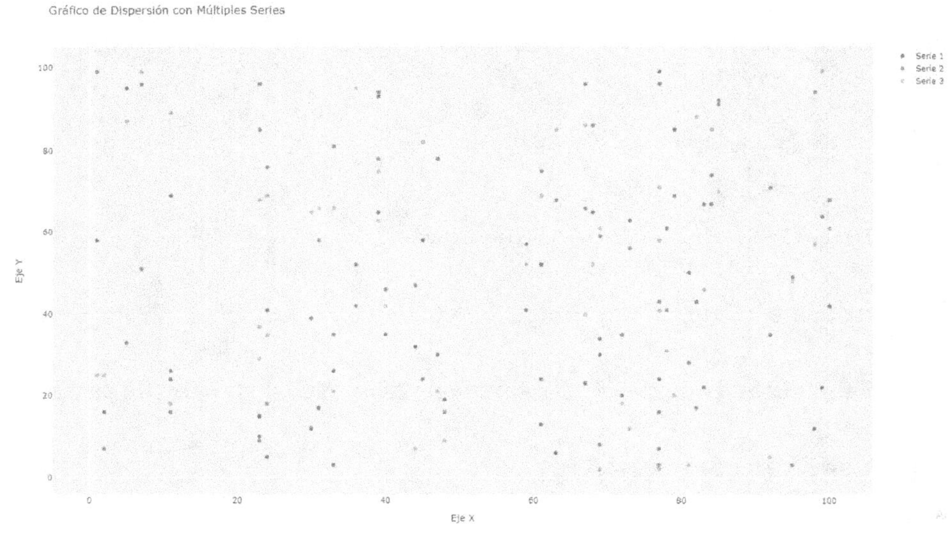

Ejercicio 3. Crea un Gráfico de Barras Aplidas.

Aquí tienes otro ejercicio que crea un gráfico de barras apiladas utilizando Plotly:

```python
import plotly.graph_objects as go

import random


# Datos de ejemplo

categorias = ['A', 'B', 'C', 'D', 'E']

valores_1 = [random.randint(1, 10) for _ in
range(len(categorias))]

valores_2 = [random.randint(1, 10) for _ in
range(len(categorias))]


# Crear el gráfico de barras apiladas

fig = go.Figure(data=[

 go.Bar(name='Serie 1', x=categorias, y=valores_1),

 go.Bar(name='Serie 2', x=categorias, y=valores_2)

])
```

```python
# Configurar diseño del gráfico

fig.update_layout(

  title='Gráfico de Barras Apiladas',

  xaxis=dict(title='Categorías'),

  yaxis=dict(title='Valores'),

  barmode='stack'

)


# Mostrar el gráfico

fig.show()
```

Este código genera un gráfico de barras apiladas con dos series (`valores_1` y `valores_2`) para diferentes categorías. Puedes ajustar los valores y nombres de las series según lo necesites.

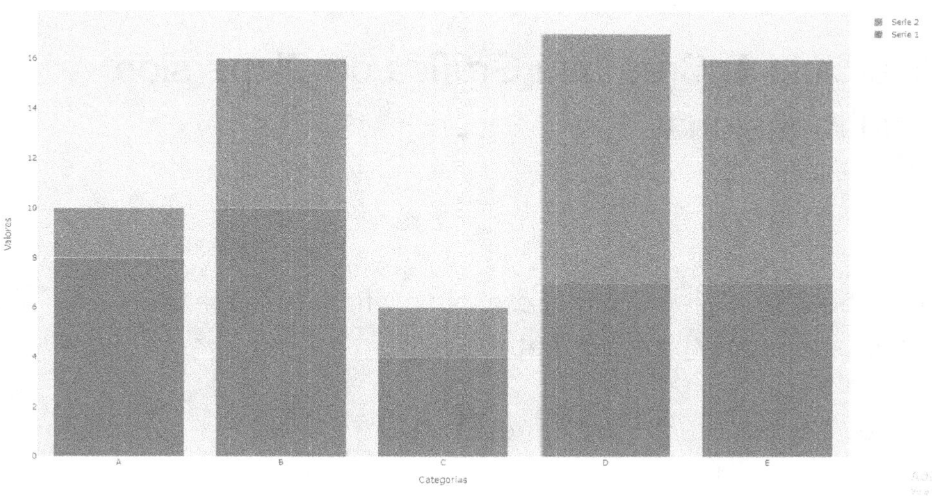

Este código genera un gráfico de barras apiladas con dos series (`valores_1` y `valores_2`) para diferentes categorías. Puedes ajustar los valores y nombres de las series según lo necesites.

Ejercicio 4. Crea una Gráfica de Dispersión Tridimensional.

Aquí tienes un ejercicio que crea un gráfico de dispersión tridimensional utilizando Plotly:

```python
import plotly.graph_objects as go
import pandas as pd
import numpy as np

# Datos de ejemplo
np.random.seed(42)
num_points = 100
x = np.random.rand(num_points)
y = np.random.rand(num_points)
z = np.random.rand(num_points)
color = np.random.rand(num_points)
size = np.random.rand(num_points) * 100

data = pd.DataFrame({'x': x, 'y': y, 'z': z,
'color': color, 'size': size})

# Crear el gráfico de dispersión tridimensional
fig = go.Figure(data=[go.Scatter3d(
    x=data['x'],
    y=data['y'],
    z=data['z'],
    mode='markers',
    marker=dict(
        size=data['size'],
        color=data['color'],
        colorscale='Viridis',
```

```python
        opacity=0.8
    )
)])

# Configurar diseño del gráfico
fig.update_layout(
    scene=dict(
        xaxis=dict(title='Eje X'),
        yaxis=dict(title='Eje Y'),
        zaxis=dict(title='Eje Z'),
    ),
    margin=dict(l=0, r=0, b=0, t=0)
)

# Mostrar el gráfico
fig.show()
```

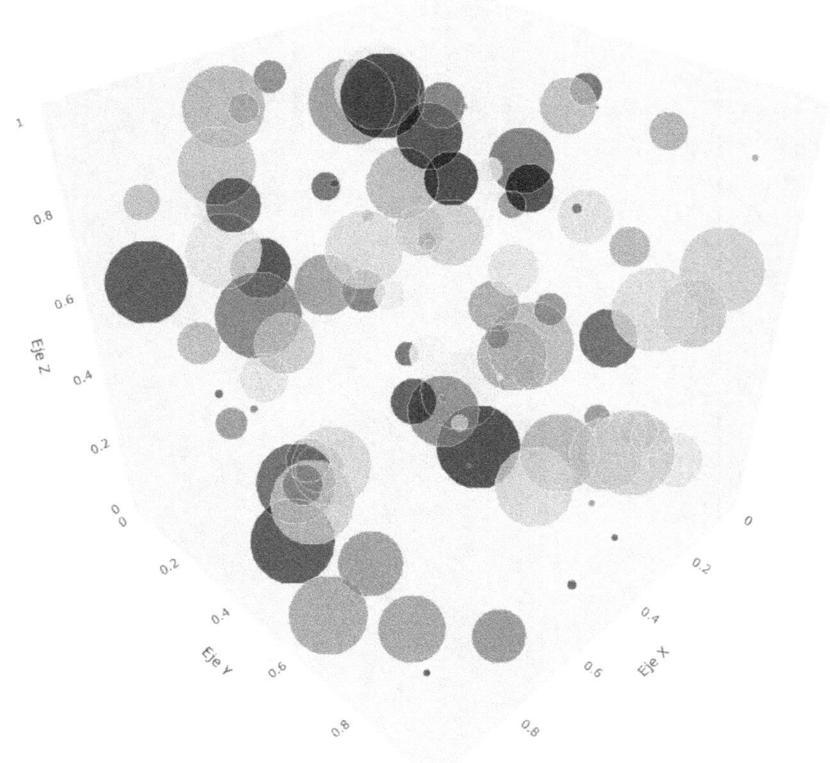

Eje Z
Eje Y
Eje X
1
0.8
0.6
0.4
0.2
0
0.2
0.4
0.6
0.8
0
0.2
0.4
0.6
0.8

Ejercicio 5. Crea un Gráfico de Dispersión Tridimensional.

Este código crea un gráfico de dispersión tridimensional con puntos distribuidos aleatoriamente en el espacio tridimensional. Puedes ajustar el número de puntos y sus propiedades para explorar diferentes visualizaciones.

Aquí tienes un ejemplo de cómo crear un gráfico de barras **agrupadas con Plotly:**

```python
import plotly.graph_objects as go

# Datos para los gráficos de barras
categories = ['A', 'B', 'C', 'D', 'E']
values_1 = [7, 5, 10, 8, 6]
values_2 = [5, 6, 7, 3, 4]

# Crear gráfico de barras
fig = go.Figure()
fig.add_trace(go.Bar(
 x=categories,
 y=values_1,
 name='Grupo 1'
))
fig.add_trace(go.Bar(
 x=categories,
 y=values_2,
```

```python
    name='Grupo 2'
))

# Diseño y etiquetas
fig.update_layout(
  title='Gráfico de Barras Agrupadas',
  xaxis=dict(title='Categorías'),
  yaxis=dict(title='Valores'),
  barmode='group'
)

# Mostrar el gráfico
fig.show()
```

Este código generará un gráfico de barras que muestra dos grupos
de barras, cada uno representando diferentes conjuntos de valores
para las mismas categorías. Puedes ajustar los valores y
categorías para adaptarlos a tus datos específicos.

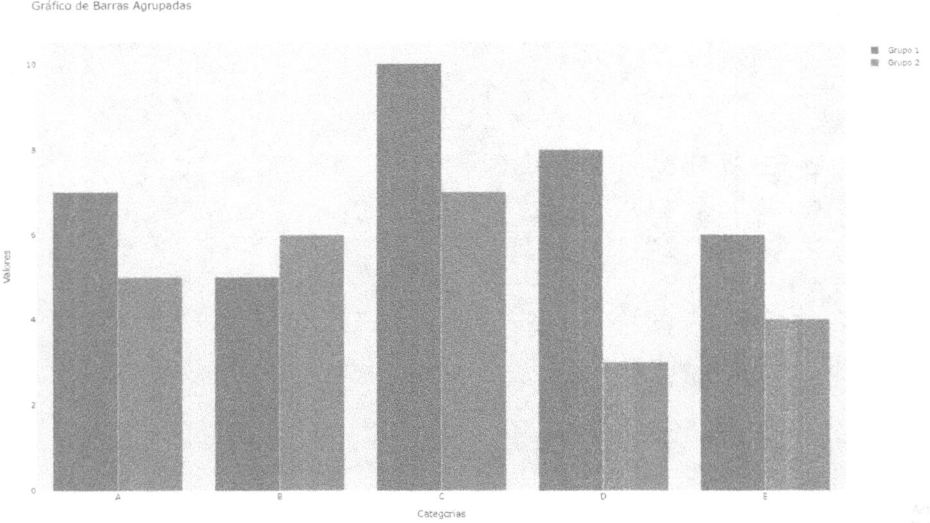

Ejercicio 6. Crea un Gráfico de Dispersión Tridimensional.

Por supuesto, aquí tienes un ejemplo de un gráfico de dispersión tridimensional con Plotly:

```python
import plotly.graph_objects as go
import pandas as pd

# Datos de ejemplo
df = pd.DataFrame({
 'X': [1, 2, 3, 4, 5],
 'Y': [2, 3, 4, 5, 6],
 'Z': [5, 4, 3, 2, 1]
})

# Crear gráfico de dispersión tridimensional
fig = go.Figure(data=[go.Scatter3d(
 x=df['X'],
 y=df['Y'],
 z=df['Z'],
 mode='markers',
 marker=dict(
 size=12,
 color=df['Z'], # Escala de color basada en la
variable Z
 colorscale='Viridis', # Cambia la escala de colores
 opacity=0.8
 )
)])
```

```python
# Diseño del gráfico
fig.update_layout(
 scene=dict(
 xaxis_title='X',
 yaxis_title='Y',
 zaxis_title='Z'
 ),
 margin=dict(l=0, r=0, b=0, t=0)
)

# Mostrar el gráfico
fig.show()
```

Este código crea un gráfico de dispersión tridimensional con
puntos que representan valores en un espacio tridimensional (ejes
X, Y y Z). Puedes modificar los datos en el DataFrame para
adaptarlos a tus propios conjuntos de datos tridimensionales.

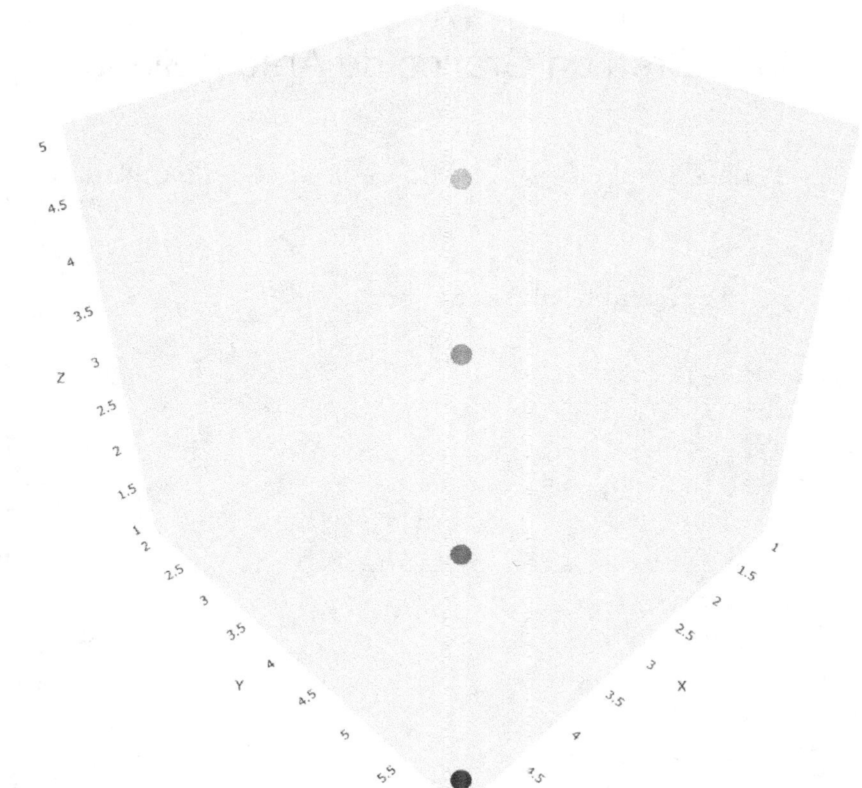

Z
X
Y
5
4.5
4
3.5
3
2.5
2
1.5
1
1
1.5
2
2.5
3
3.5
4
4.5
5
5.5
1
1.5
2
2.5
3
3.5
4
4.5

Ejercicio 7. Crea un Gráfico de Área Apilada.

Aquí tienes un ejemplo de un gráfico de área apilada utilizando Plotly:

```python
import plotly.graph_objects as go

# Datos de ejemplo
x = [1, 2, 3, 4, 5]
y1 = [1, 2, 4, 8, 16]
y2 = [1, 3, 6, 10, 15]

# Crear gráfico de área apilada
fig = go.Figure()

fig.add_trace(go.Scatter(
 x=x, y=y1,
 mode='lines',
 line=dict(width=0),
 stackgroup='one', # Grupo para apilar
 name='Grupo 1'
))
fig.add_trace(go.Scatter(
 x=x, y=y2,
 mode='lines',
 line=dict(width=0),
 stackgroup='one', # Grupo para apilar
 name='Grupo 2'
))

fig.update_layout(
 xaxis=dict(title='X'),
 yaxis=dict(title='Y'),
 title='Gráfico de Área Apilada'
```

```
)
```

```
fig.show()
```

Este código genera un gráfico de área apilada que muestra dos conjuntos de datos ($y1$ e $y2$) apilados uno sobre el otro. Puedes ajustar los datos y las configuraciones del gráfico para adaptarlos a tus propios conjuntos de datos.

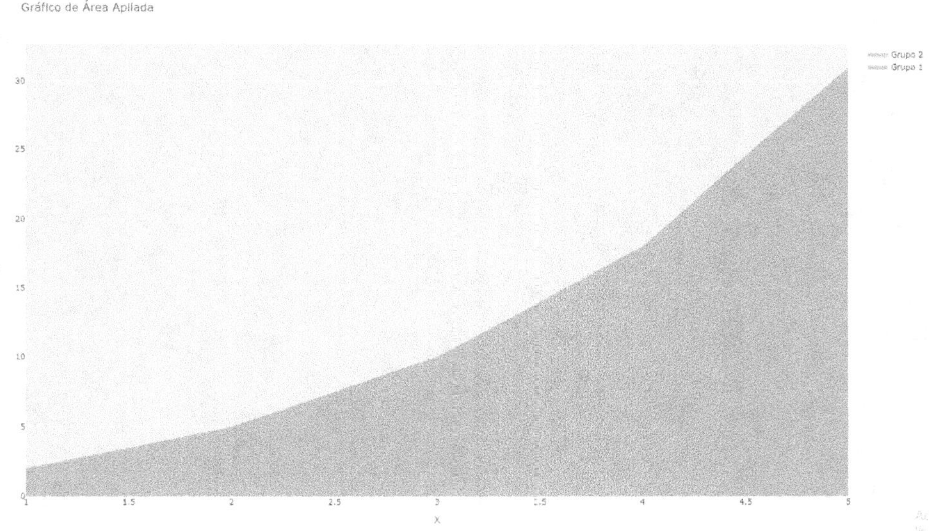

Ejercicio 8. Crea un Gráfico de una Función Cuadrática.

El siguiente código en Python para crear un gráfico de una función cuadrática:

```python
import plotly.graph_objects as go
import numpy as np

# Definir la función cuadrática
def funcion_cuadratica(x):
    return x ** 2

# Crear datos para el gráfico
x_vals = np.linspace(-10, 10, 100)  # Valores x en
el rango de -10 a 10
y_vals = funcion_cuadratica(x_vals) # Valores y
correspondientes

# Crear la figura
fig = go.Figure()

# Agregar la línea a la figura
fig.add_trace(go.Scatter(x=x_vals, y=y_vals,
mode='lines', name='Función Cuadrática'))

# Configurar el diseño del gráfico
fig.update_layout(
    title='Gráfico de una Función Cuadrática',
    xaxis=dict(title='Eje X'),
```

```python
    yaxis=dict(title='Eje Y')
)

# Mostrar el gráfico
fig.show()
```

Este código define una función cuadrática, genera valores para x
en un rango específico, calcula los valores correspondientes de y,
crea una figura utilizando Plotly y agrega una línea que representa
la función cuadrática. Por último, configura el diseño del gráfico y
lo muestra.

Puedes ajustar los valores utilizados, cambiar la función o
modificar el diseño del gráfico según tus necesidades.
¡Experimenta con ello!

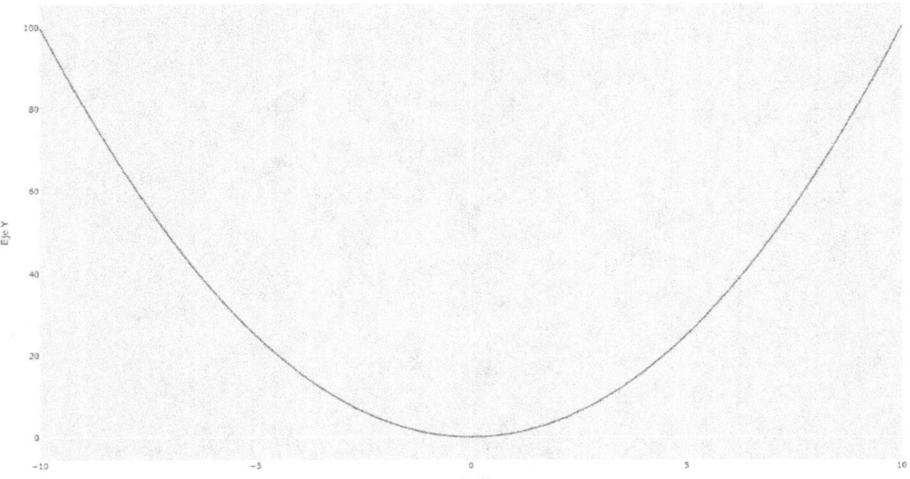

Eje Y
100
80
60
40
20
0
-10
-5
0
5
10
Eje X

Ejercicio 9. Crea un Gráfico de Dispersión (Scatter Plot).

Vamos a crear un gráfico de dispersión (scatter plot) utilizando Plotly. En este caso, mostraremos puntos aleatorios para representar datos en un plano cartesiano.

```python
import plotly.graph_objects as go
import numpy as np

# Generar datos aleatorios para el gráfico de
dispersión
np.random.seed(42)
num_points = 100
x_vals = np.random.rand(num_points) * 10
y_vals = np.random.rand(num_points) * 10

# Crear la figura del gráfico de dispersión
fig = go.Figure()

# Agregar los puntos al gráfico de dispersión
fig.add_trace(go.Scatter(
 x=x_vals,
 y=y_vals,
 mode='markers', # Tipo de marcador (puntos)
 marker=dict(
 size=10, # Tamaño de los puntos
 color='blue' # Color de los puntos
 ),
```

```python
    name='Datos Aleatorios' # Nombre de la serie de
datos
))

# Configurar el diseño del gráfico
fig.update_layout(
 title='Gráfico de Dispersión Aleatorio',
 xaxis=dict(title='Eje X'),
 yaxis=dict(title='Eje Y')
)

# Mostrar el gráfico
fig.show()
```

Este código genera un conjunto de datos aleatorios para los valores de x e y, y luego los representa como puntos en un gráfico de dispersión. Puedes ajustar el tamaño, color y estilo de los puntos modificando los parámetros dentro de `marker=dict(...)`, y también puedes cambiar el diseño del gráfico según sea necesario. ¡Espero que esto sea útil!

Gráfico de Dispersión Aleatorio

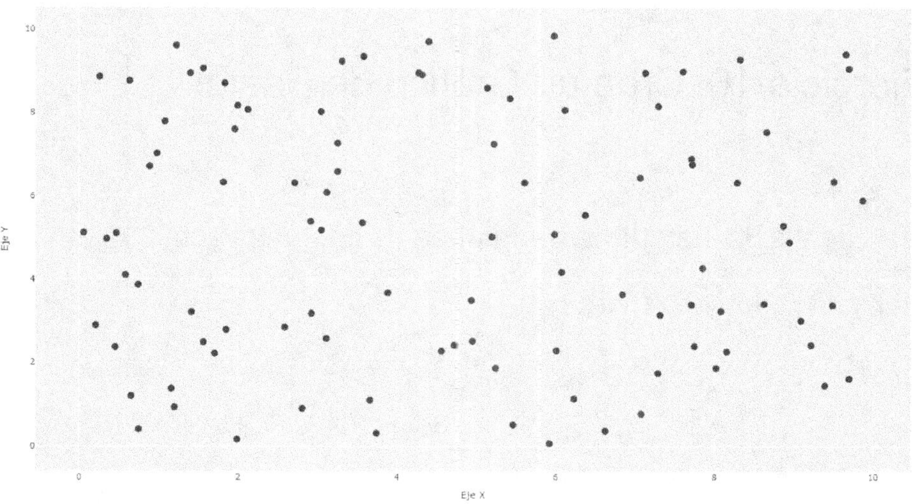

Ejercicio 10. Crea un Gráfico de Pastel.

Aquí tienes un ejemplo de un gráfico de pastel (pie chart) utilizando Plotly en Python:

```python
import plotly.graph_objects as go

# Datos para el gráfico de pastel
labels = ['Manzanas', 'Plátanos', 'Uvas',
'Naranjas']
valores = [35, 25, 20, 20]

# Crear la figura del gráfico de pastel
fig = go.Figure()

# Agregar el gráfico de pastel
fig.add_trace(go.Pie(
 labels=labels,
 values=valores,
 hole=0.4, # Tamaño del agujero en el centro del
gráfico
 textinfo='percent+label' # Información que se
muestra en cada sección
))

# Configurar el diseño del gráfico de pastel
fig.update_layout(
 title='Gráfico de Pastel',
)
```

```
# Mostrar el gráfico
fig.show()
```

Este código crea un gráfico de pastel con etiquetas y valores proporcionados. Puedes ajustar el tamaño del agujero en el centro del gráfico cambiando el valor de `hole` y modificar la información que se muestra en cada sección ajustando `textinfo`. También puedes personalizar los colores y otros aspectos del diseño del gráfico según tus preferencias. ¡Espero que te sea útil!

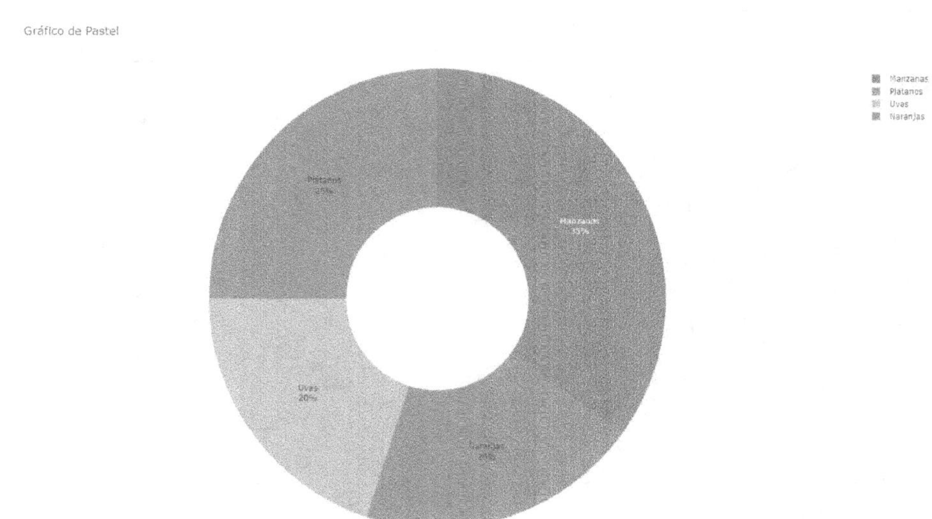

Ejercicio 11. Crea un Gráfico de Líneas Multiples.

Qué te parece un gráfico de líneas múltiples para mostrar tendencias a lo largo del tiempo? Aquí tienes un ejemplo usando Plotly:

```python
import plotly.graph_objects as go
import numpy as np

# Datos para el gráfico de líneas múltiples
tiempo = np.arange(0, 10, 0.1)
y1 = np.sin(tiempo)
y2 = np.cos(tiempo)

# Crear la figura del gráfico de líneas múltiples
fig = go.Figure()

# Agregar las líneas al gráfico
fig.add_trace(go.Scatter(
 x=tiempo,
 y=y1,
 mode='lines',
 name='Sin(x)' # Nombre de la primera serie de datos
))

fig.add_trace(go.Scatter(
 x=tiempo,
 y=y2,
 mode='lines',
 name='Cos(x)' # Nombre de la segunda serie de datos
))
```

```python
# Configurar el diseño del gráfico de líneas
múltiples
fig.update_layout(
  title='Gráfico de Líneas Múltiples',
  xaxis=dict(title='Tiempo'),
  yaxis=dict(title='Valor'),
)

# Mostrar el gráfico
fig.show()
```

Este código crea un gráfico de líneas múltiples con dos series de
datos: seno y coseno de valores de tiempo. Puedes agregar más
series o cambiar las funciones matemáticas para mostrar
diferentes tendencias a lo largo del tiempo. Además, puedes
ajustar los colores, estilos de línea y etiquetas para personalizar el
gráfico según tus necesidades. ¡Espero que te sea útil!

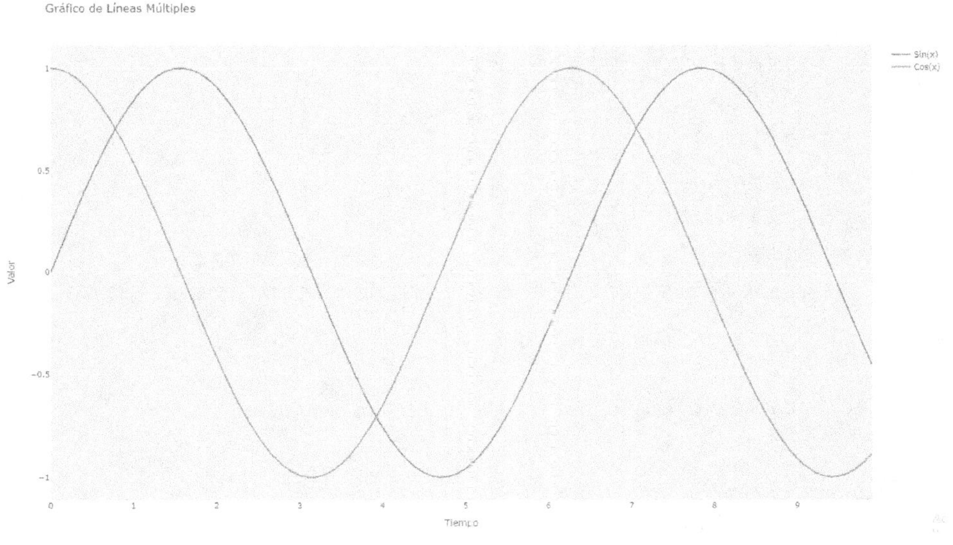

Ejercicio 12. Crea un Gráfico de Área.

Un gráfico de área podría ser interesante. Aquí tienes un ejemplo usando Plotly:

```python
import plotly.graph_objects as go
import numpy as np

# Datos para el gráfico de área
x = np.arange(10)
y_upper = np.random.randint(5, 15, size=10)
y_lower = np.random.randint(1, 10, size=10)

# Crear la figura del gráfico de área
fig = go.Figure()

# Agregar la gráfica de área
fig.add_trace(go.Scatter(
 x=x,
 y=y_upper,
 mode='lines',
 line=dict(width=0),
 fill='tozeroy',
 name='Área Superior' # Nombre de la primera área
))

fig.add_trace(go.Scatter(
 x=x,
 y=y_lower,
 mode='lines',
 line=dict(width=0),
```

```python
    fill='tozeroy',
    name='Área Inferior' # Nombre de la segunda área
))

# Configurar el diseño del gráfico de área
fig.update_layout(
    title='Gráfico de Área',
    xaxis=dict(title='Eje X'),
    yaxis=dict(title='Eje Y'),
)

# Mostrar el gráfico
fig.show()
```

Este código crea un gráfico de área con dos áreas representadas entre dos líneas. Los datos `y_upper` y `y_lower` forman las áreas superior e inferior respectivamente. Puedes ajustar los datos, colores, opacidades y otros aspectos del diseño para adaptar el gráfico a tus necesidades específicas. ¡Espero que te resulte interesante!

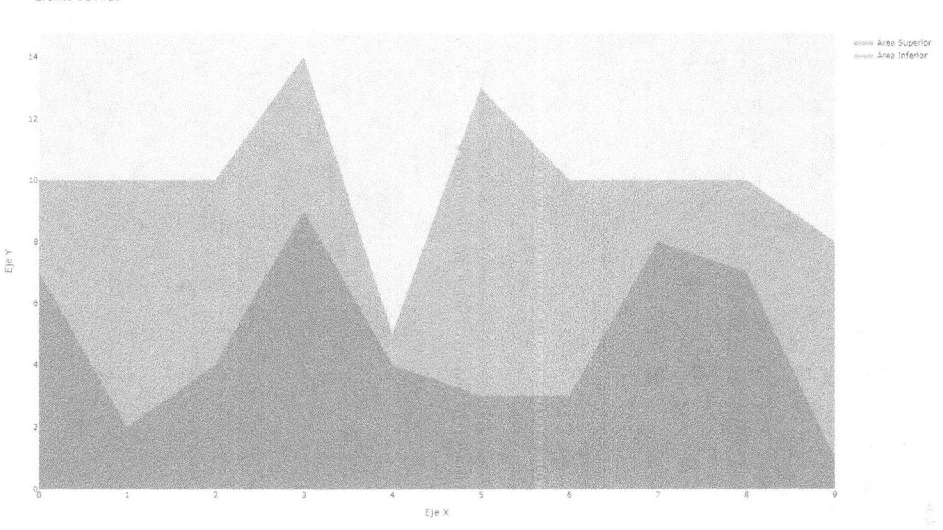

Ejercicio 13. Crea un Gráfico de Contorno.

Qué te parece un gráfico de contorno (contour plot)? Aquí tienes un ejemplo utilizando Plotly:

```python
import plotly.graph_objects as go
import numpy as np

# Generar datos para el gráfico de contorno
x = np.linspace(-2, 2, 100)
y = np.linspace(-2, 2, 100)
X, Y = np.meshgrid(x, y)
Z = np.sin(np.sqrt(X**2 + Y**2))

# Crear la figura del gráfico de contorno
fig = go.Figure()

# Agregar el gráfico de contorno
fig.add_trace(go.Contour(
 x=x,
 y=y,
 z=Z,
 colorscale='Viridis', # Escala de colores
 colorbar=dict(title='Magnitud'), # Barra de colores
con título
 contours=dict(showlabels=True), # Mostrar etiquetas
de contorno
))

# Configurar el diseño del gráfico de contorno
fig.update_layout(
 title='Gráfico de Contorno',
 xaxis=dict(title='Eje X'),
 yaxis=dict(title='Eje Y'),
)
```

```python
# Mostrar el gráfico
fig.show()
```

Este código genera un gráfico de contorno de una función
bidimensional (en este caso, la función sinusoidal de la distancia
al origen). Puedes ajustar la función y los rangos de los ejes x e y
para representar diferentes datos. Además, puedes personalizar la
escala de colores, las etiquetas de los contornos y otros aspectos
del diseño según tus preferencias. ¡Espero que te resulte
interesante!

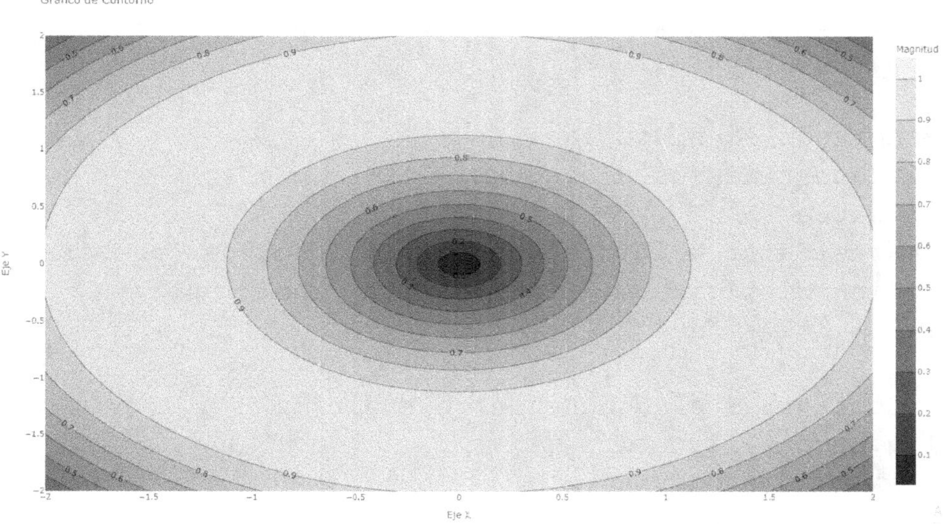

Ejercicio 14. Crea un Gráfico de Histograma usando Plotly.

Aquí tienes un ejemplo de un gráfico de histograma usando Plotly en Python:

```python
import plotly.graph_objects as go
import numpy as np

# Generar datos para el histograma
np.random.seed(42)
datos = np.random.randn(1000) # Datos aleatorios con
distribución normal

# Crear la figura del histograma
fig = go.Figure()

# Agregar el histograma
fig.add_trace(go.Histogram(
 x=datos,
 marker=dict(color='skyblue'), # Color de las barras
 xbins=dict(size=0.2) # Tamaño de los bins
))

# Configurar el diseño del histograma
fig.update_layout(
 title='Histograma',
 xaxis=dict(title='Valores'),
 yaxis=dict(title='Frecuencia'),
)

# Mostrar el histograma
fig.show()
```

Este código genera un histograma a partir de datos aleatorios con distribución normal. Puedes ajustar el número de bins, el color de las barras y otros aspectos del diseño del histograma según tus necesidades. ¡Espero que te sea útil!

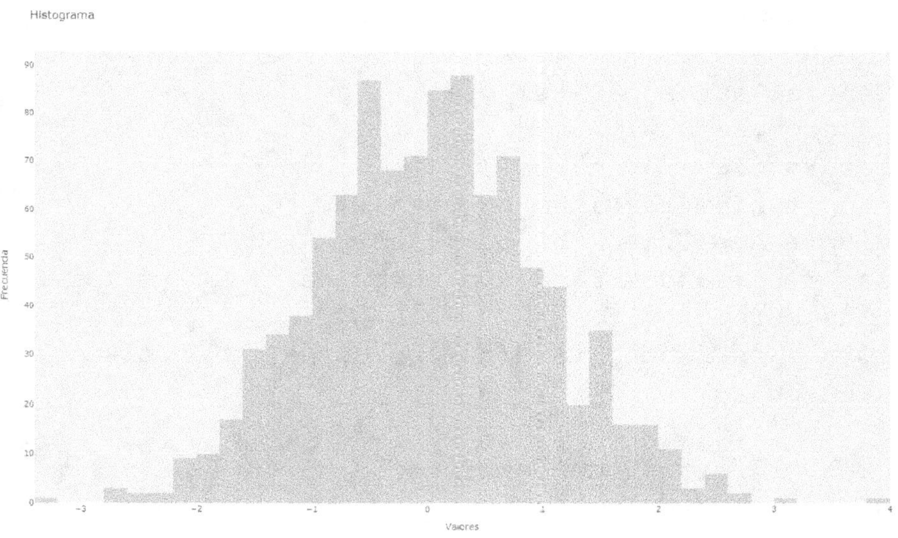

Ejercicio 15. Crea un Gráfico de Burbujas.

Un gráfico de burbujas es otra representación interesante. Aquí tienes un ejemplo utilizando Plotly:

```python
import plotly.graph_objects as go
import numpy as np

# Generar datos para el gráfico de burbujas
np.random.seed(0)
num_burbujas = 30
x = np.random.rand(num_burbujas)
y = np.random.rand(num_burbujas)
sizes = np.random.rand(num_burbujas) * 100 # Tamaños
de las burbujas
colors = np.random.rand(num_burbujas) # Colores de
las burbujas

# Crear la figura del gráfico de burbujas
fig = go.Figure()

# Agregar el gráfico de burbujas
fig.add_trace(go.Scatter(
 x=x,
 y=y,
 mode='markers',
 marker=dict(
 size=sizes,
 color=colors,
 opacity=0.7,
 colorscale='Viridis', # Escala de colores
```

```python
        colorbar=dict(title='Magnitud'), # Barra de colores
con título
    ),
))

# Configurar el diseño del gráfico de burbujas
fig.update_layout(
  title='Gráfico de Burbujas',
  xaxis=dict(title='Eje X'),
  yaxis=dict(title='Eje Y'),
)

# Mostrar el gráfico
fig.show()
```

Este código crea un gráfico de burbujas con posiciones x e y
aleatorias, tamaños y colores variables para cada burbuja. Puedes
ajustar los tamaños, colores, opacidades y la escala de colores
para personalizar el gráfico de acuerdo con tus necesidades.
¡Espero que te resulte interesante!

Gráfico de Burbujas

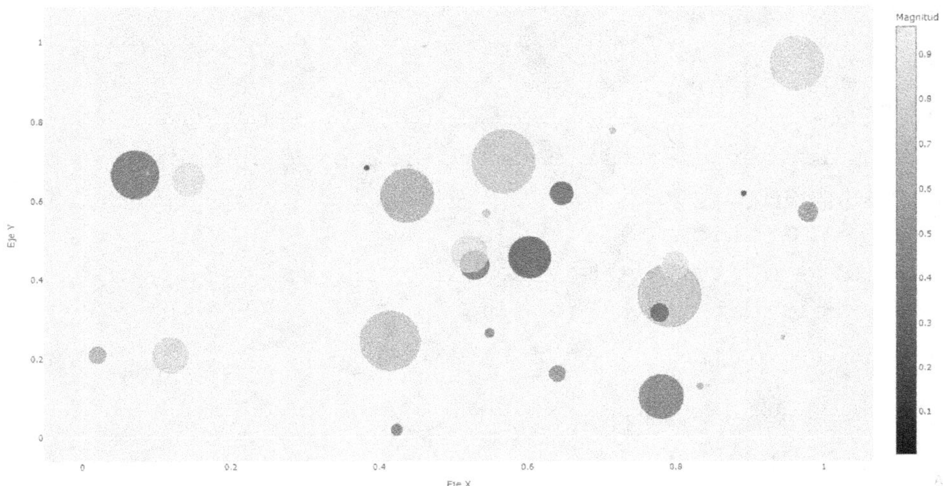
Magnitud
0.9
0.8
0.7
0.6
0.5
0.4
0.3
0.2
0.1
Eje Y
Eje X
0
0.2
0.4
0.6
0.8
1
0.2
0.4
0.6
0.8
1

Ejercicio 16. Crea un Gráfico de Radar.

Te mostraré un gráfico de radar (o gráfico de araña) utilizando
Plotly en Python:

```python
import plotly.graph_objects as go

# Datos para el gráfico de radar
categorias = ['A', 'B', 'C', 'D', 'E']
valores_equipo_1 = [4, 3, 2, 5, 4]
valores_equipo_2 = [3, 4, 3, 4, 2]

# Crear la figura del gráfico de radar
fig = go.Figure()

# Agregar los datos del equipo 1 al gráfico de radar
fig.add_trace(go.Scatterpolar(
 r=valores_equipo_1,
 theta=categorias,
 fill='toself',
 name='Equipo 1' # Nombre del primer equipo
))

# Agregar los datos del equipo 2 al gráfico de radar
fig.add_trace(go.Scatterpolar(
 r=valores_equipo_2,
 theta=categorias,
 fill='toself',
 name='Equipo 2' # Nombre del segundo equipo
))

# Configurar el diseño del gráfico de radar
fig.update_layout(
 title='Gráfico de Radar',
```

```python
    polar=dict(radialaxis=dict(visible=True, range=[0,
5])), # Configuración del eje radial
)

# Mostrar el gráfico
fig.show()
```

Este código crea un gráfico de radar con dos conjuntos de datos representando diferentes equipos en distintas categorías. Puedes ajustar los nombres de las categorías, los valores y el rango del eje radial para adaptar el gráfico a tus necesidades. ¡Espero que te guste este tipo de visualización!

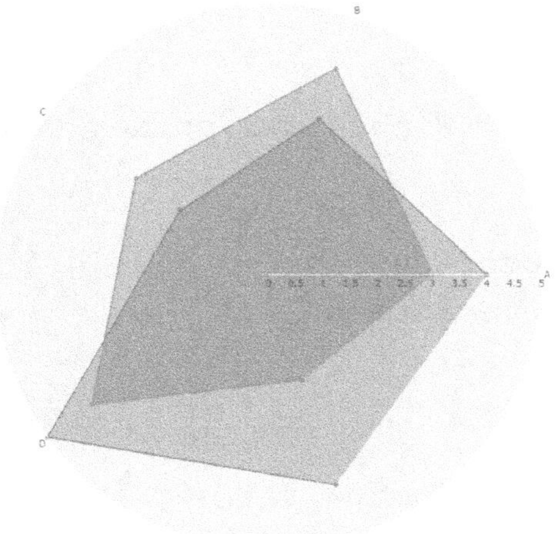

Ejercicio 17. Crea un Heatmap (Mapa de Calor).

Aquí te muestro cómo crear un gráfico de heatmap (mapa de calor) utilizando Plotly en Python:

```python
import plotly.graph_objects as go
import numpy as np

# Generar datos para el heatmap
np.random.seed(0)
datos = np.random.rand(10, 10) # Matriz de datos
aleatorios

# Crear la figura del heatmap
fig = go.Figure()

# Agregar el heatmap
fig.add_trace(go.Heatmap(
 z=datos,
 colorscale='Viridis', # Escala de colores
))

# Configurar el diseño del heatmap
fig.update_layout(
 title='Mapa de Calor',
 xaxis=dict(title='Eje X'),
 yaxis=dict(title='Eje Y'),
)

# Mostrar el heatmap
fig.show()
```

Este código crea un mapa de calor con una matriz de datos aleatorios. Puedes ajustar los colores, la escala de colores y otros aspectos del diseño para adaptar el mapa de calor según tus necesidades. Los mapas de calor son útiles para visualizar la densidad, la correlación o cualquier patrón en datos bidimensionales. ¡Espero que te resulte interesante este tipo de gráfico!

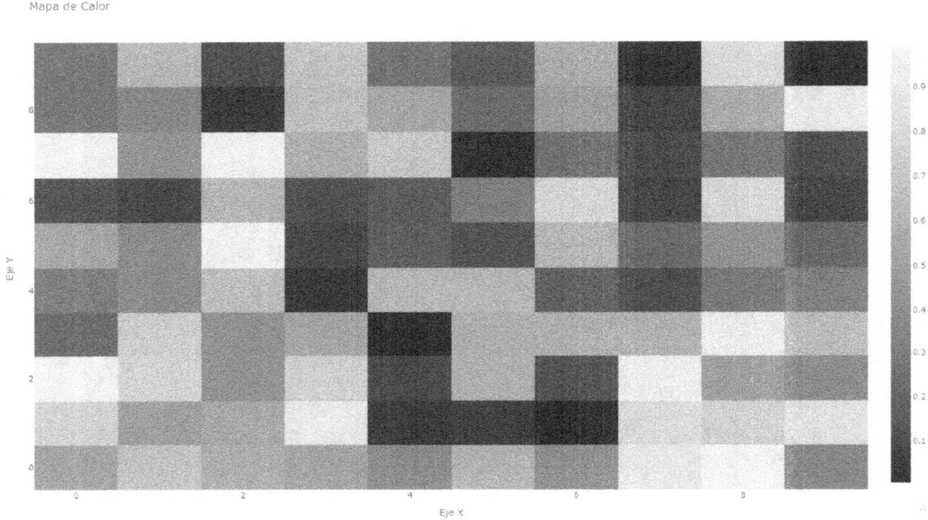

Ejercicio 18. Crea un Gráfico de Contorno Tridimensional.

Te mostraré un gráfico de contorno tridimensional (3D contour plot) usando Plotly en Python:

```python
import plotly.graph_objects as go
import numpy as np

# Generar datos para el gráfico de contorno
tridimensional
x = np.linspace(-5, 5, 100)
y = np.linspace(-5, 5, 100)
X, Y = np.meshgrid(x, y)
Z = np.sin(np.sqrt(X**2 + Y**2))

# Crear la figura del gráfico de contorno
tridimensional
fig = go.Figure()

# Agregar el gráfico de contorno tridimensional
fig.add_trace(go.Surface(
 x=X,
 y=Y,
 z=Z,
 contours=dict(z=dict(show=True,
highlightcolor="limegreen", project=dict(z=True))),
 colorscale='Viridis', # Escala de colores
))

# Configurar el diseño del gráfico de contorno
tridimensional
```

```python
fig.update_layout(
 title='Gráfico de Contorno Tridimensional',
 scene=dict(
 xaxis_title='Eje X',
 yaxis_title='Eje Y',
 zaxis_title='Eje Z'
 )
)

# Mostrar el gráfico
fig.show()
```

Este código crea un gráfico de contorno tridimensional utilizando la función seno en un espacio 3D. Puedes ajustar los datos de entrada y la función para visualizar diferentes superficies en 3D. Además, puedes personalizar los colores, las líneas de contorno y otros aspectos del diseño según tus necesidades. ¡Espero que te guste este tipo de visualización!

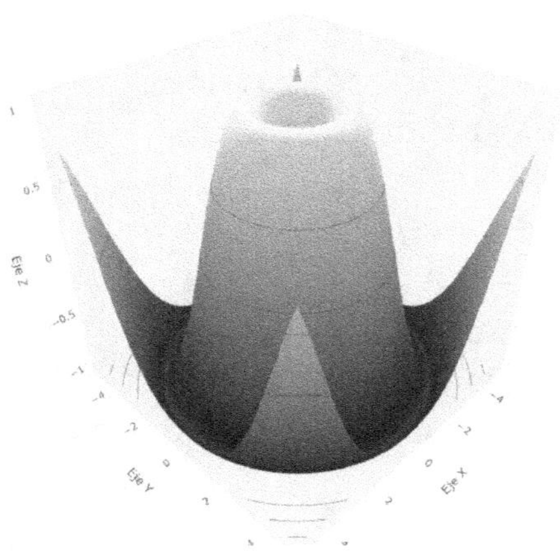

Ejercicio 19. Crea un Gráfico de Línea con marcadores.

Un gráfico de línea con marcadores puede ser útil para visualizar datos en diferentes puntos con mayor énfasis en los puntos específicos. Aquí tienes un ejemplo usando Plotly:

```python
import plotly.graph_objects as go
import numpy as np

# Generar datos para el gráfico de línea con
marcadores
x = np.linspace(0, 10, 100)
y = np.sin(x)

# Crear la figura del gráfico de línea con
marcadores
fig = go.Figure()

# Agregar el gráfico de línea con marcadores
fig.add_trace(go.Scatter(
 x=x,
 y=y,
 mode='lines+markers', # Combinación de líneas y
marcadores
 marker=dict(size=8, color='blue', symbol='circle'),
# Configuración de marcadores
 line=dict(color='green', width=2), # Configuración
de la línea
 name='Función Seno' # Nombre de la serie de datos
))

# Configurar el diseño del gráfico de línea con
marcadores
fig.update_layout(
```

```python
 title='Gráfico de Línea con Marcadores',
 xaxis=dict(title='Eje X'),
 yaxis=dict(title='Eje Y'),
)

# Mostrar el gráfico
fig.show()
```

Este código crea un gráfico de línea con marcadores que
representa la función seno. Puedes ajustar el estilo de los
marcadores, el color de la línea, el grosor de la línea y otros
aspectos del diseño para adaptarlo a tus preferencias. ¡Espero que
te resulte interesante!

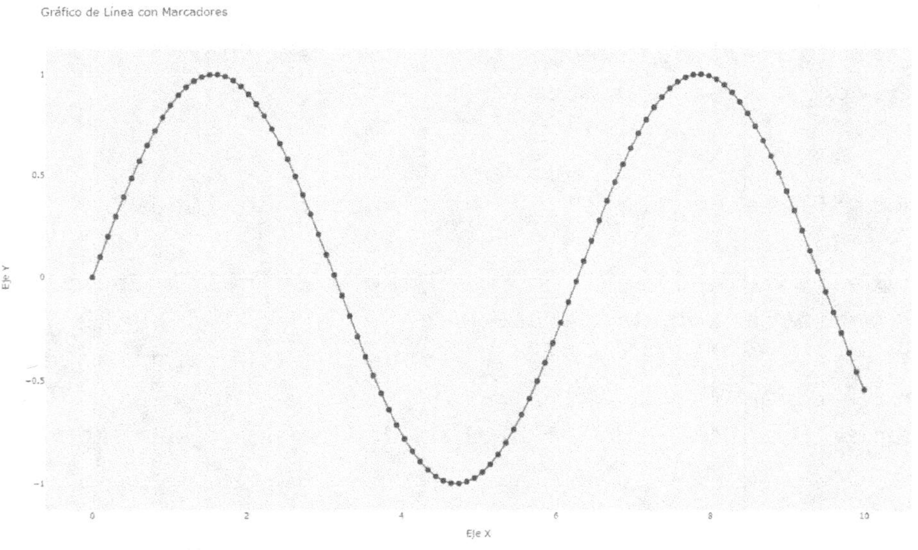

Ejercicio 20. Crea un Gráfico de Barras Horizontales.

Te mostraré un gráfico de barras horizontales apiladas, que es útil para comparar la contribución individual de diferentes categorías a un conjunto total. Aquí tienes un ejemplo utilizando Plotly en Python:

```python
import plotly.graph_objects as go

# Datos para el gráfico de barras horizontales
apiladas
categorias = ['A', 'B', 'C', 'D']
valores_equipo_1 = [20, 35, 30, 25]
valores_equipo_2 = [25, 32, 28, 20]

# Crear la figura del gráfico de barras horizontales
apiladas
fig = go.Figure()

# Agregar las barras horizontales apiladas al
gráfico
fig.add_trace(go.Bar(
 y=categorias,
 x=valores_equipo_1,
 orientation='h', # Orientación horizontal
 name='Equipo 1',
 marker=dict(color='blue'), # Color de las barras
))

fig.add_trace(go.Bar(
```

```python
 y=categorias,
 x=valores_equipo_2,
 orientation='h',  # Orientación horizontal
 name='Equipo 2',
 marker=dict(color='orange'),  # Color de las barras
))

# Configurar el diseño del gráfico de barras
horizontales apiladas
fig.update_layout(
 title='Gráfico de Barras Horizontales Apiladas',
 yaxis=dict(title='Categorías'),
 xaxis=dict(title='Valor'),
 barmode='stack'  # Modo de apilamiento de las barras
)

# Mostrar el gráfico
fig.show()
```

Este código crea un gráfico de barras horizontales apiladas que muestra la contribución de dos equipos en diferentes categorías. Puedes ajustar los nombres de las categorías, los valores de los equipos y otros aspectos del diseño para adaptar el gráfico según tus necesidades. ¡Espero que te resulte útil este tipo de gráfico!

Gráfico de Barras Horizontales Apiladas

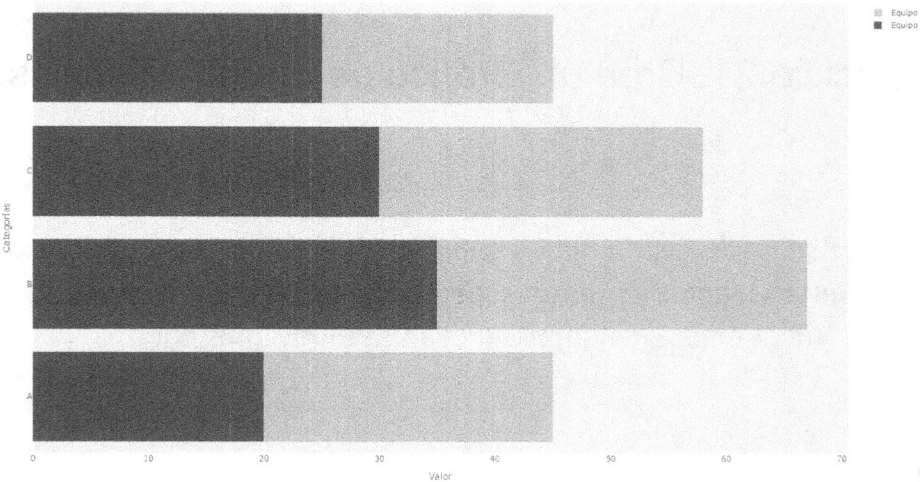

Ejercicio 21. Crea un Gráfico de Líneas Múltiples.

Un gráfico de líneas múltiples con marcadores puede ser útil para mostrar tendencias y puntos específicos en varios conjuntos de datos. Aquí tienes un ejemplo utilizando Plotly en Python:

```python
import plotly.graph_objects as go
import numpy as np

# Generar datos para el gráfico de líneas múltiples
con marcadores
x = np.linspace(0, 10, 100)
y1 = np.sin(x)
y2 = np.cos(x)

# Crear la figura del gráfico de líneas múltiples
con marcadores
fig = go.Figure()

# Agregar las líneas con marcadores al gráfico
fig.add_trace(go.Scatter(
 x=x,
 y=y1,
 mode='lines+markers', # Líneas y marcadores
 name='Seno',
 marker=dict(symbol='circle', size=8, color='blue'),
# Configuración de marcadores
))
```

```python
fig.add_trace(go.Scatter(
 x=x,
 y=y2,
 mode='lines+markers', # Líneas y marcadores
 name='Coseno',
 marker=dict(symbol='square', size=8, color='red'),
# Configuración de marcadores
))

# Configurar el diseño del gráfico de líneas
múltiples con marcadores
fig.update_layout(
 title='Gráfico de Líneas Múltiples con Marcadores',
 xaxis=dict(title='Eje X'),
 yaxis=dict(title='Eje Y'),
)

# Mostrar el gráfico
fig.show()
```

Este código crea un gráfico de líneas múltiples con marcadores que representa las funciones seno y coseno. Puedes ajustar los estilos, colores y formas de los marcadores, así como los datos y el diseño del gráfico según tus preferencias. ¡Espero que te resulte útil este tipo de visualización!

Gráfico de Líneas Múltiples con Marcadores

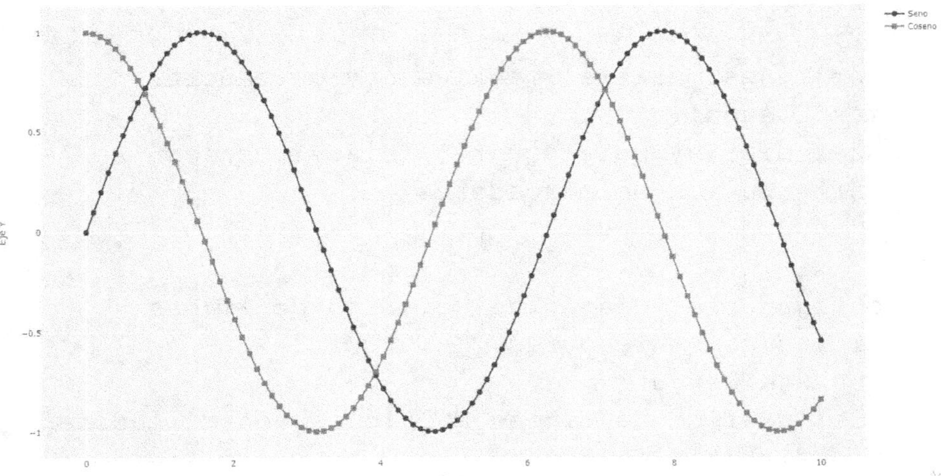
Seno
Coseno
Eje Y
Eje X
1
0.5
0
-0.5
-1
0
2
4
6
8
10

Ejercicio 22. Crea un Gráfico tipo Pastel (Pie Chart) con segmentos destacados.

Te mostraré un gráfico de torta (pie chart) con segmentos destacados. Este tipo de gráfico es útil para resaltar ciertas secciones. Aquí tienes un ejemplo utilizando Plotly en Python:

```python
import plotly.graph_objects as go

# Datos para el gráfico de torta
labels = ['Manzanas', 'Plátanos', 'Uvas',
'Naranjas']
valores = [35, 25, 20, 20]
destacar = (0, 0, 0.1, 0) # Resaltar el tercer
segmento

# Crear la figura del gráfico de torta
fig = go.Figure()

# Agregar el gráfico de torta
fig.add_trace(go.Pie(
 labels=labels,
 values=valores,
 hole=0.4, # Tamaño del agujero en el centro del
gráfico
 pull=destacar, # Resaltar segmentos específicos
))
```

```python
# Configurar el diseño del gráfico de torta
fig.update_layout(
 title='Gráfico de Torta con Segmentos Destacados',
)

# Mostrar el gráfico
fig.show()
```

Este código crea un gráfico de torta donde se resalta el tercer segmento ("Uvas") mediante un aumento en el espacio entre el segmento y el centro del gráfico. Puedes ajustar los valores para resaltar otros segmentos cambiando los valores en la lista `destacar`. Además, puedes modificar los datos, los colores, la leyenda y otros aspectos del diseño del gráfico según tus necesidades. ¡Espero que te resulte útil este tipo de visualización!

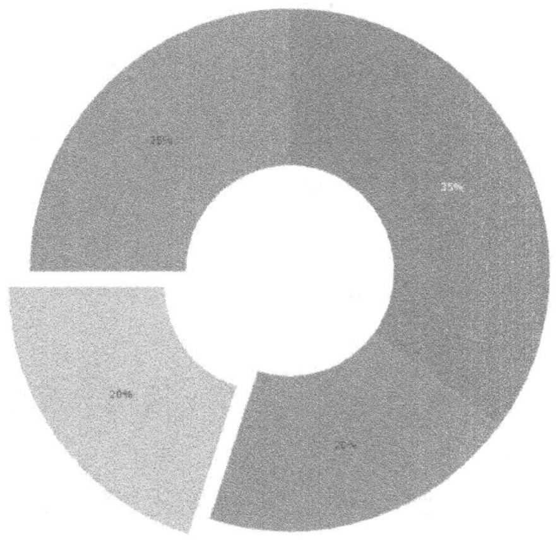

Ejercicio 23. Crea un Gráfico de Dispersión Tridimensional.

Es una excelente manera de representar relaciones entre tres variables. Aquí tienes un ejemplo utilizando Plotly en Python:

```python
import plotly.graph_objects as go
import numpy as np

# Generar datos para el gráfico de dispersión
tridimensional
np.random.seed(0)
x = np.random.rand(100)
y = np.random.rand(100)
z = np.random.rand(100)

# Crear la figura del gráfico de dispersión
tridimensional
fig = go.Figure()

# Agregar el gráfico de dispersión tridimensional
fig.add_trace(go.Scatter3d(
 x=x,
 y=y,
 z=z,
 mode='markers', # Modo de marcadores
```

```python
    marker=dict(size=5, color=z, colorscale='Viridis',
    opacity=0.8), # Configuración de los marcadores
))

# Configurar el diseño del gráfico de dispersión
tridimensional
fig.update_layout(
  title='Gráfico de Dispersión Tridimensional',
  scene=dict(
  xaxis=dict(title='Eje X'),
  yaxis=dict(title='Eje Y'),
  zaxis=dict(title='Eje Z'),
  )
)

# Mostrar el gráfico
fig.show()
```

Este código crea un gráfico de dispersión tridimensional con puntos aleatorios en el espacio tridimensional. Puedes ajustar los datos, los colores, los tamaños de los marcadores y otros aspectos del diseño para adaptar el gráfico según tus necesidades. ¡Espero que te guste este tipo de visualización!

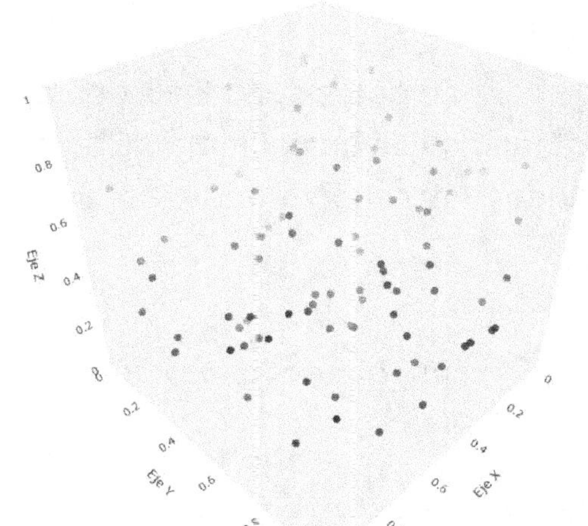

Ejercicio 24. Crea un Gráfico de Caja y Bigotes.

Los gráficos de caja y bigotes son ideales para visualizar la distribución estadística de un conjunto de datos. Aquí tienes un ejemplo utilizando Plotly en Python:

```python
import plotly.graph_objects as go
import numpy as np

# Generar datos aleatorios para los box plots
np.random.seed(0)
datos_1 = np.random.normal(loc=0, scale=1, size=100)
datos_2 = np.random.normal(loc=2, scale=1.5,
size=100)
datos_3 = np.random.normal(loc=-2, scale=1.5,
size=100)

# Crear la figura de los box plots
fig = go.Figure()

# Agregar los box plots
fig.add_trace(go.Box(
 y=datos_1,
 name='Datos 1',
 marker_color='blue' # Color del box plot
))

fig.add_trace(go.Box(
 y=datos_2,
 name='Datos 2',
 marker_color='orange' # Color del box plot
))
```

```python
fig.add_trace(go.Box(
 y=datos_3,
 name='Datos 3',
 marker_color='green' # Color del box plot
))

# Configurar el diseño del gráfico de box plots
fig.update_layout(
 title='Gráfico de Caja y Bigotes',
 yaxis=dict(title='Valor'),
)

# Mostrar el gráfico
fig.show()
```

Este código crea un gráfico de caja y bigotes con tres conjuntos
de datos diferentes. Cada caja representa la distribución de los
datos, mostrando la mediana, cuartiles y los posibles valores
atípicos. Puedes ajustar los datos, los colores, la orientación y
otros aspectos del diseño para adaptar el gráfico según tus
necesidades. ¡Espero que te sea útil este ejemplo!

Gráfico de Caja y Bigotes

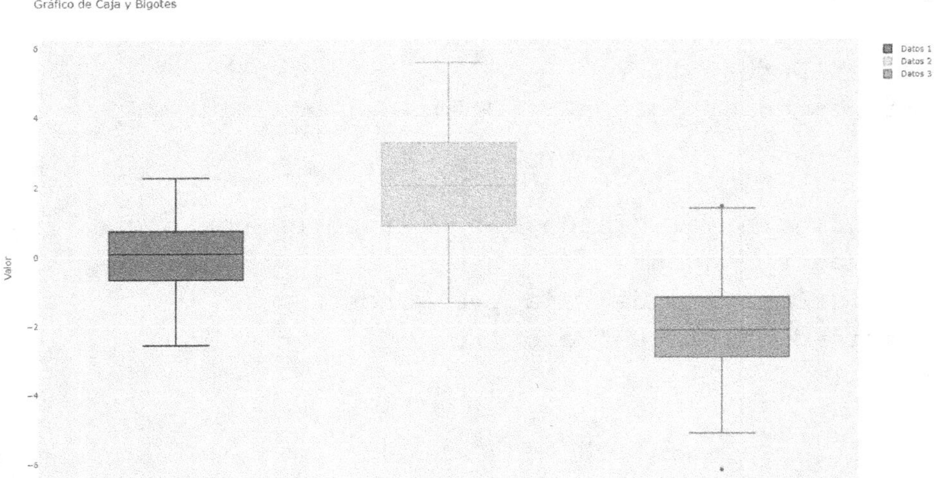
Valor
Datos 1
Datos 2
Datos 3
Datos 1
Datos 2
Datos 3

Ejercicio 25. Crea un Gráfico de Superficie 3D Interactivo.

Aquí tienes tres ejemplos de gráficas avanzadas utilizando Plotly en Python:

Gráfico de Superficie 3D Interactivo

```python
import plotly.graph_objects as go
import numpy as np

# Generar datos para la superficie 3D
x = np.linspace(-5, 5, 100)
y = np.linspace(-5, 5, 100)
X, Y = np.meshgrid(x, y)
Z = np.sin(np.sqrt(X**2 + Y**2))

# Crear la figura del gráfico de superficie 3D
fig = go.Figure(data=[go.Surface(z=Z, x=X, y=Y)])

# Configurar el diseño del gráfico de superficie 3D
fig.update_layout(
 title='Gráfico de Superficie 3D',
 scene=dict(
 xaxis_title='Eje X',
 yaxis_title='Eje Y',
 zaxis_title='Eje Z',
 )
)

# Mostrar el gráfico
fig.show()
```

Este código genera un gráfico de superficie 3D interactivo de una función sinusoidal.

Ejercicio 26. Mapa de Calor con Anotaciones y Configuraciones Personalizadas

```python
import plotly.graph_objects as go
import numpy as np

# Generar datos para el mapa de calor
x = np.arange(10)
y = np.arange(10)
z = np.random.rand(10, 10)

# Crear la figura del mapa de calor
fig = go.Figure(data=go.Heatmap(z=z, x=x, y=y,
colorscale='Viridis'))

# Agregar anotaciones al mapa de calor
for i in range(len(y)):
 for j in range(len(x)):
 fig.add_annotation(
 x=x[j],
 y=y[i],
 text=str(round(z[i][j], 2)),
 showarrow=False,
 font=dict(color='white'),
 )

# Configurar el diseño del mapa de calor
fig.update_layout(
 title='Mapa de Calor con Anotaciones',
 xaxis=dict(title='Eje X'),
 yaxis=dict(title='Eje Y'),
)

# Mostrar el gráfico
fig.show()
```

Este ejemplo muestra un mapa de calor con anotaciones en cada celda.

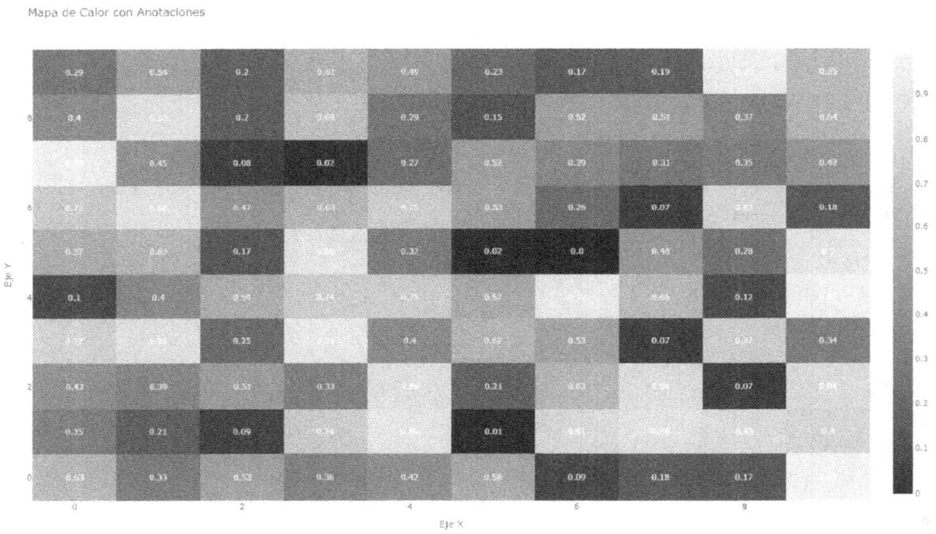

Ejercicio 27. Crea un Gráfico de Árbol Jerárquico (Dendrograma)

```python
import plotly.figure_factory as ff
import numpy as np

# Generar datos para el dendrograma
data_matrix = np.random.rand(10, 10)

# Crear el dendrograma
fig = ff.create_dendrogram(data_matrix)

# Configurar el diseño del dendrograma
fig.update_layout(
 title='Gráfico de Árbol Jerárquico (Dendrograma)',
 xaxis=dict(title='Índice'),
 yaxis=dict(title='Distancia'),
)

# Mostrar el gráfico
fig.show()
```

Este código genera un gráfico de árbol jerárquico (dendrograma) a partir de una matriz de datos aleatorios.

Gráfico de Árbol Jerárquico (Dendrograma)

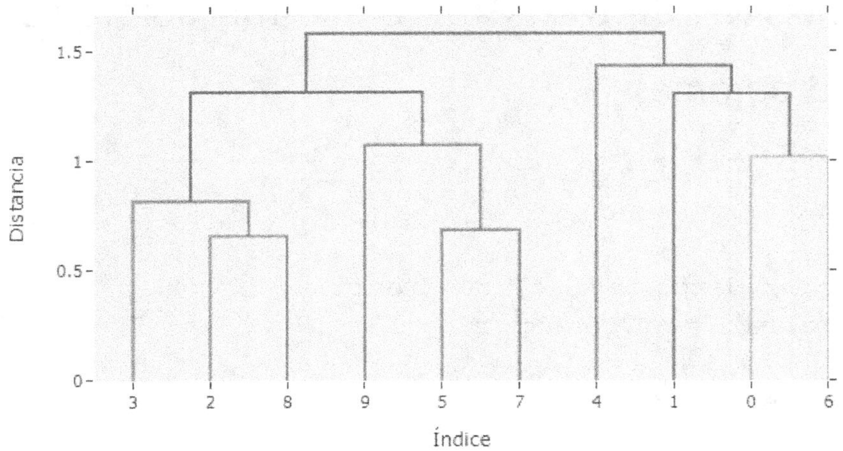

Ejercicio 28. Crea una Gráfica Combinada con Plotly:

Aquí tienes un ejemplo de cómo crear una gráfica combinada con Plotly en Python, utilizando múltiples trazas en una sola figura:

```python
import plotly.graph_objects as go
import numpy as np

# Generar datos para la gráfica combinada
x = np.linspace(0, 10, 100)
y1 = np.sin(x)
y2 = np.cos(x)
y3 = np.tan(x)

# Crear la gráfica combinada
fig = go.Figure()

# Agregar trazas para cada gráfico en la misma
figura
fig.add_trace(go.Scatter(x=x, y=y1, mode='lines',
name='sin(x)'))
fig.add_trace(go.Scatter(x=x, y=y2, mode='lines',
name='cos(x)'))
fig.add_trace(go.Scatter(x=x, y=y3, mode='lines',
name='tan(x)'))

# Configurar el diseño de la gráfica combinada
fig.update_layout(
 title='Gráfica Combinada',
 xaxis=dict(title='Eje X'),
 yaxis=dict(title='Eje Y'),
```

```
)

# Mostrar la gráfica combinada
fig.show()
```

En este ejemplo, se generan datos para las funciones
trigonométricas sin(x), cos(x) y tan(x) en el rango de 0 a 10. Luego,
se crean tres trazas diferentes, una para cada función, y se
agregan a la misma figura. Finalmente, se configura el diseño de la
gráfica combinada y se muestra. Puedes ajustar los datos, los
nombres de las trazas y las configuraciones según tus
necesidades específicas.

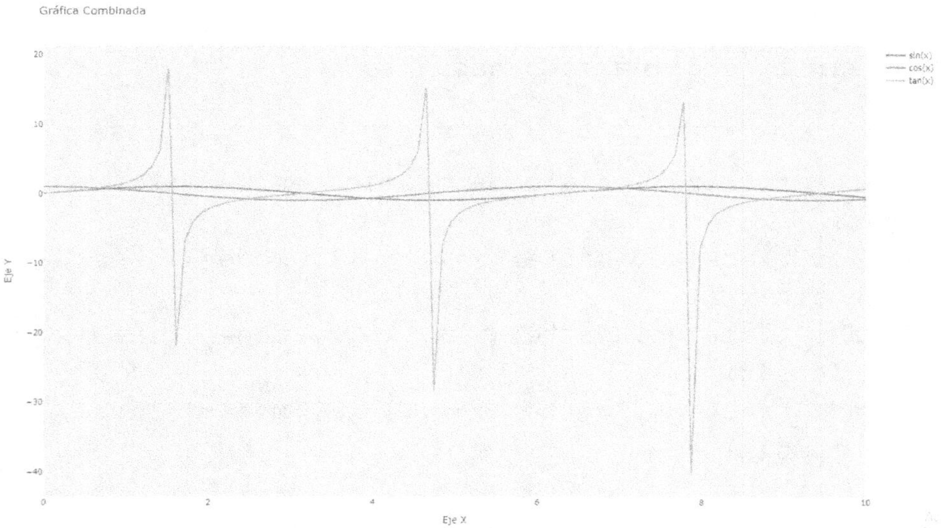

Ejercicio 29. Crea una Gráfica Combinada de Barras y Líneas:

Aquí tienes un ejemplo de cómo crear una gráfica combinada con barras y líneas utilizando Plotly en Python:

```python
import plotly.graph_objects as go
import numpy as np

# Generar datos para la gráfica combinada
categorias = ['A', 'B', 'C', 'D']
valores_barras = [25, 40, 30, 55]
valores_linea = np.linspace(0, 50, 4)

# Crear la gráfica combinada de barras y líneas
fig = go.Figure()

# Agregar traza de barras a la figura
fig.add_trace(go.Bar(x=categorias, y=valores_barras,
name='Barras'))

# Agregar traza de línea a la figura
fig.add_trace(go.Scatter(x=categorias,
y=valores_linea, mode='lines', name='Línea'))

# Configurar el diseño de la gráfica combinada
fig.update_layout(
```

```python
    title='Gráfica Combinada de Barras y Línea',
    xaxis=dict(title='Categorías'),
    yaxis=dict(title='Valores'),
    barmode='group' # Modo de agrupación de las barras
)

# Mostrar la gráfica combinada
fig.show()
```

En este ejemplo, se generan datos ficticios para las categorías 'A', 'B', 'C' y 'D'. Se crea una gráfica combinada con barras (traza de barras) representando los valores de las categorías y una línea (traza de línea) que muestra valores lineales asociados a esas mismas categorías. Puedes ajustar los datos, los estilos, los títulos y otras configuraciones según tus necesidades específicas.

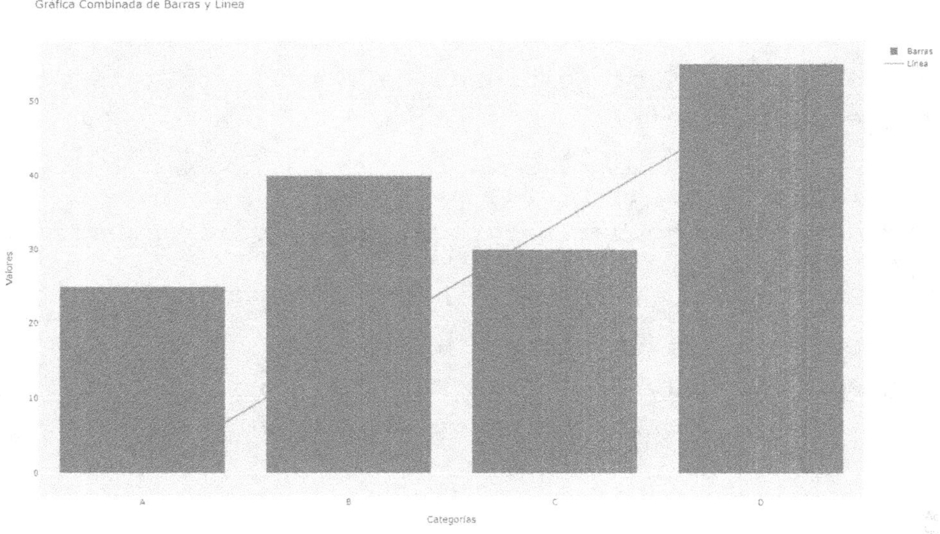

Ejercicio 30. Crea un Gráfico tipo Dashboard.

Aquí tienes un ejemplo como crear un Gráfico tipo Dashboard básico.

```python
import dash
from dash import dcc, html

# Inicializar la aplicación Dash
app = dash.Dash(__name__)

# Diseñar el layout del dashboard
app.layout = html.Div([
 html.H1('Mi Dashboard'),
 dcc.Graph(
 id='grafico',
 figure={
 'data': [
 {'x': [1, 2, 3], 'y': [4, 1, 2], 'type': 'bar',
'name': 'Grupo 1'},
 {'x': [1, 2, 3], 'y': [2, 4, 5], 'type': 'bar',
'name': 'Grupo 2'}
 ],
 'layout': {
 'title': 'Gráfico de Barras'
 }
 }
 )
])

# Ejecutar la aplicación Dash
if __name__ == '__main__':
 app.run_server(debug=True)
```

Mi Dashboard

Ejercicio 31. Crea una Matriz de Confusión.

Aquí tienes un ejercicio que muestra cómo visualizar la salida de
un modelo de clasificación utilizando la biblioteca scikit-learn
junto con Plotly para visualización:

```python
import plotly.express as px
import plotly.figure_factory as ff
from sklearn.datasets import make_classification
from sklearn.model_selection import train_test_split
from sklearn.linear_model import LogisticRegression
from sklearn.metrics import confusion_matrix,
classification_report

# Generar datos de ejemplo para clasificación
X, y = make_classification(n_samples=1000,
n_features=4, n_classes=2, random_state=42)

# Dividir datos en conjunto de entrenamiento y
prueba
X_train, X_test, y_train, y_test =
train_test_split(X, y, test_size=0.2,
random_state=42)

# Entrenar un modelo de clasificación (por ejemplo,
Regresión Logística)
model = LogisticRegression()
model.fit(X_train, y_train)

# Predecir las etiquetas para el conjunto de prueba
y_pred = model.predict(X_test)

# Crear un gráfico de dispersión para visualizar los
datos de prueba y las predicciones
df = px.data.iris()  # Usaremos el dataset Iris de
Plotly como ejemplo
```

```python
fig = px.scatter(x=X_test[:, 0], y=X_test[:, 1],
color=y_pred, labels={'color': 'Predicted Class'})
fig.update_traces(marker=dict(size=8))
fig.update_layout(title='Visualización de
Predicciones de Clasificación')
fig.show()

# Crear una matriz de confusión con Plotly Figure
Factory
conf_matrix = confusion_matrix(y_test, y_pred)
fig = ff.create_annotated_heatmap(z=conf_matrix,
x=['Predicted 0', 'Predicted 1'], y=['Actual 0',
'Actual 1'], colorscale='Viridis')
fig.update_layout(title='Matriz de Confusión')
fig.show()

# Mostrar el reporte de clasificación (precision,
recall, f1-score, etc.)
classification_rep = classification_report(y_test,
y_pred)
print("Classification Report:\n",
classification_rep)
```

Este código crea un modelo de Regresión Logística utilizando
datos generados aleatoriamente para clasificación, predice las
etiquetas para un conjunto de prueba y luego visualiza las
predicciones utilizando un gráfico de dispersión para la separación
de clases y una matriz de confusión para evaluar el rendimiento
del modelo.

Puedes ajustar el modelo y los datos según tus necesidades y
utilizar datos reales para ver cómo tu modelo de Machine Learning
se desempeña en la visualización de datos con Plotly.

Matriz de Confusión
Predicted 0
Predicted 1
Actual 1
14
85
Actual 0
92
9

Ejercicio 32. Crea una Gráfica de predicciones de Clasificación.

Aqui tienes un ejemplo de este tipo de gráfico.

Aquí tienes un ejercicio que muestra cómo visualizar la salida de un modelo de clasificación utilizando la biblioteca scikit-learn junto con Plotly para visualización:

```python
import plotly.express as px
import plotly.figure_factory as ff
from sklearn.datasets import make_classification
from sklearn.model_selection import train_test_split
from sklearn.linear_model import LogisticRegression
from sklearn.metrics import confusion_matrix,
classification_report

# Generar datos de ejemplo para clasificación
X, y = make_classification(n_samples=1000,
n_features=4, n_classes=2, random_state=42)

# Dividir datos en conjunto de entrenamiento y
prueba
X_train, X_test, y_train, y_test =
train_test_split(X, y, test_size=0.2,
random_state=42)
```

```python
# Entrenar un modelo de clasificación (por ejemplo,
Regresión Logística)
model = LogisticRegression()
model.fit(X_train, y_train)

# Predecir las etiquetas para el conjunto de prueba
y_pred = model.predict(X_test)

# Crear un gráfico de dispersión para visualizar los
datos de prueba y las predicciones
df = px.data.iris() # Usaremos el dataset Iris de
Plotly como ejemplo
fig = px.scatter(x=X_test[:, 0], y=X_test[:, 1],
color=y_pred, labels={'color': 'Predicted Class'})
fig.update_traces(marker=dict(size=8))
fig.update_layout(title='Visualización de
Predicciones de Clasificación')
fig.show()

# Crear una matriz de confusión con Plotly Figure
Factory
conf_matrix = confusion_matrix(y_test, y_pred)
fig = ff.create_annotated_heatmap(z=conf_matrix,
x=['Predicted 0', 'Predicted 1'], y=['Actual 0',
'Actual 1'], colorscale='Viridis')
fig.update_layout(title='Matriz de Confusión')
fig.show()

# Mostrar el reporte de clasificación (precision,
recall, f1-score, etc.)
classification_rep = classification_report(y_test,
y_pred)
print("Classification Report:\n",
classification_rep)
```

Este código crea un modelo de Regresión Logística utilizando datos generados aleatoriamente para clasificación, predice las etiquetas para un conjunto de prueba y luego visualiza las predicciones utilizando un gráfico de dispersión para la separación de clases y una matriz de confusión para evaluar el rendimiento del modelo.

Puedes ajustar el modelo y los datos según tus necesidades y utilizar datos reales para ver cómo tu modelo de Machine Learning se desempeña en la visualización de datos con Plotly.

Visualización de Predicciones de Clasificación

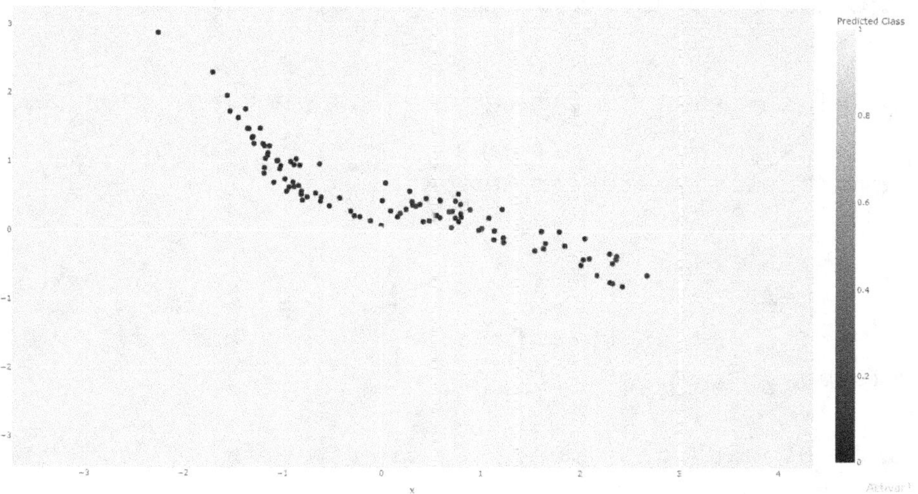

Predicted Class
Activar
y: 0 0 0 1
x

Ejercicio 33. Crea un gráfico Geoespacial.

Aquí hay un ejemplo básico de una visualización geoespacial.

```python
import plotly.express as px


# Cargar un conjunto de datos de ejemplo de Plotly
Express

df = px.data.gapminder().query("year==2007")


# Crear el mapa geoespacial

fig = px.scatter_geo(df, locations='iso_alpha',
color='continent', hover_name='country', size='pop')


# Configurar el diseño del mapa geoespacial

fig.update_layout(title='Visualización Geoespacial')


# Mostrar el gráfico

fig.show()
```

continent
Asia
Europe
Africa
Americas
Oceania

Ejercicio 34. Crea una Gráfica Combinada.

Aquí tienes un ejemplo adicional que combina gráficos de
dispersión (scatter plots) y gráficos de barras en una misma figura
utilizando Plotly:

```python
import plotly.graph_objects as go
import numpy as np

# Generar datos aleatorios
np.random.seed(42)
x = np.random.rand(50)
y = np.random.rand(50)
z = np.random.rand(50) * 100

# Crear un gráfico de dispersión
fig = go.Figure()

# Agregar el gráfico de dispersión
fig.add_trace(go.Scatter(x=x, y=y, mode='markers',
marker=dict(size=z, color=z, colorscale='Viridis',
showscale=True)))

# Agregar un gráfico de barras horizontal como
anotación
fig.add_trace(go.Bar(x=[np.mean(x)], y=[np.mean(y)],
orientation='h', marker=dict(color='red'),
showlegend=False))

# Actualizar diseño del gráfico
```

```python
fig.update_layout(title='Gráfico de Dispersión y
Barra de Promedios', xaxis_title='X',
yaxis_title='Y')

# Mostrar la figura
fig.show()
```

Este código crea un gráfico de dispersión con puntos que varían en tamaño y color según un valor Z. Además, agrega una barra horizontal que representa el promedio de los puntos en el gráfico de dispersión, ofreciendo una comparación visual directa.

Puedes ajustar los datos aleatorios generados o personalizar los estilos y la presentación según tus preferencias o los requisitos específicos de tu visualización. Este tipo de gráfico combinado puede ser útil para mostrar datos de manera más visual y significativa al agregar elementos gráficos adicionales para resaltar información clave.

Gráfico de Dispersión y Barra de Promedios

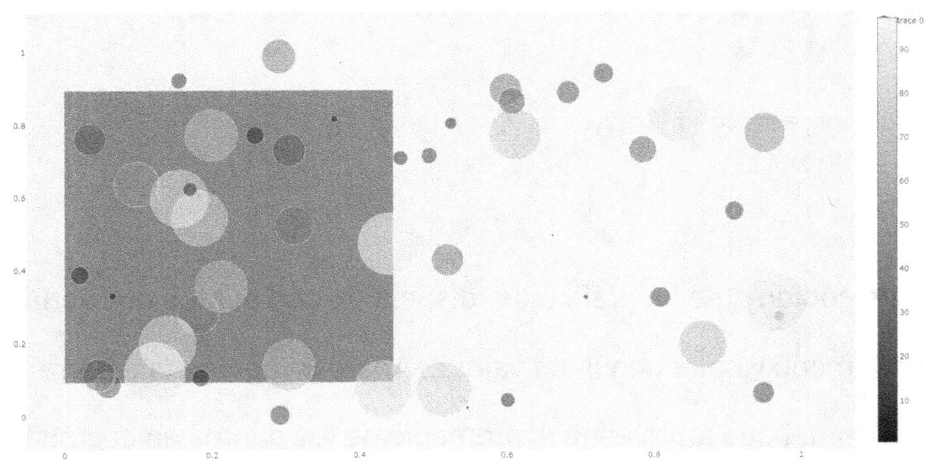
trace 0
Y
X

Ejercicio 35. Crea una Gráfica con Boton Interactivo de Botones.

Aquí tienes un ejemplo de Gráfica con Botones Interactivos.

```python
import plotly.graph_objects as go

import numpy as np


# Generar datos para gráficos interactivos

x = np.linspace(0, 10, 100)

y1 = np.sin(x)

y2 = np.cos(x)


# Crear el gráfico interactivo con botones

fig = go.Figure()


fig.add_trace(go.Scatter(x=x, y=y1, mode='lines',
name='sin(x)'))

fig.add_trace(go.Scatter(x=x, y=y2, mode='lines',
name='cos(x)'))
```

```python
# Configurar el diseño con botones para
interactividad

fig.update_layout(

 title='Gráfico Interactivo con Botones',

 xaxis=dict(title='Eje X'),

 yaxis=dict(title='Eje Y'),

 template='plotly', # Utilizar la plantilla de
Plotly para diseño

 updatemenus=[{'buttons': [

 {'method': 'restyle', 'args': [{'visible': [True,
False]}], 'label': 'sin(x)'},

 {'method': 'restyle', 'args': [{'visible': [False,
True]}], 'label': 'cos(x)'}

 ]}]

)


# Mostrar el gráfico

fig.show()
```

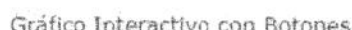

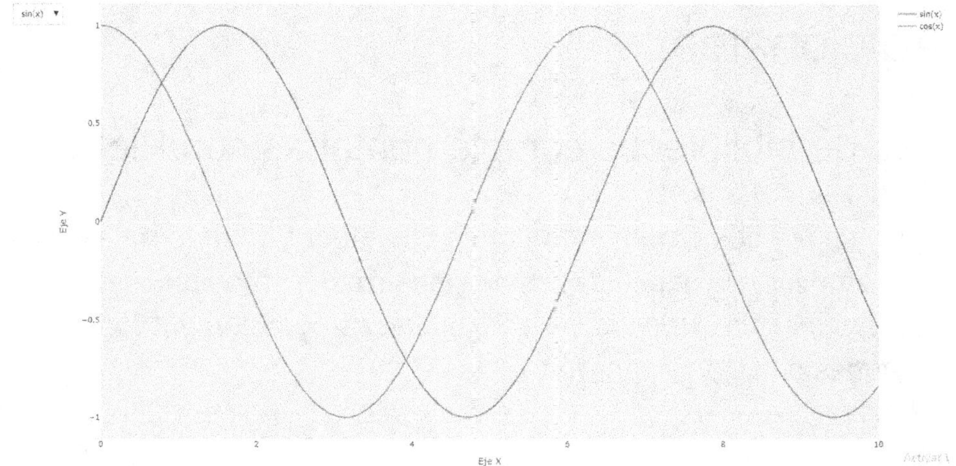

sin(x)
Eje Y
1
0.5
0
-0.5
-1
0
2
4
6
8
10
Eje X
sin(x)
cos(x)

Módulo 8: Herramientas y Recursos Adicionales

Uso de bibliotecas complementarias con Plotly:

Plotly se puede combinar con otras bibliotecas complementarias para ampliar sus capacidades de visualización, manipulación de datos y análisis. Algunas de las bibliotecas complementarias comunes con Plotly incluyen:

Dash

Dash es un framework de Python para construir aplicaciones web interactivas y analíticas de datos. Utiliza Plotly para la creación de visualizaciones interactivas dentro de las aplicaciones web.

Plotly Express

Plotly Express es una interfaz de alto nivel para Plotly que simplifica la creación de gráficos rápidos y fáciles. Permite generar visualizaciones de manera rápida sin tener que preocuparse mucho por la configuración detallada.

Cufflinks

Cufflinks es una biblioteca que combina Plotly con Pandas para simplificar la creación de gráficos interactivos directamente desde los DataFrames de Pandas.

Plotly Subplots

Plotly Subplots es una función incorporada en Plotly que permite crear subgráficos (subplots) en una única figura para comparar visualmente múltiples conjuntos de datos.

Dash Cytoscape

Dash Cytoscape es una extensión de Dash para la visualización de redes y grafos interactivos utilizando la biblioteca Cytoscape.

Dash DataTable

Dash DataTable es una biblioteca para Dash que ofrece tablas de datos interactivas y personalizables para visualizar y editar datos en aplicaciones web.

Estas bibliotecas complementarias ofrecen diversas funcionalidades para mejorar la experiencia de visualización, análisis y presentación de datos, y se integran bien con Plotly para crear visualizaciones más avanzadas y aplicaciones interactivas.

Comunidades y recursos online:

Aquí tienes algunas comunidades y recursos online relacionados con Plotly y visualización de datos:

Comunidad y Soporte:

Foro de Plotly: El foro de Plotly es un lugar donde puedes hacer preguntas, compartir ideas y aprender de otros usuarios de Plotly.

GitHub de Plotly: El repositorio de Plotly en GitHub es un recurso valioso para encontrar problemas, solicitar funciones y ver el código fuente.

Stack Overflow: El uso de la etiqueta plotly en Stack Overflow te permite buscar y hacer preguntas sobre Plotly.

Recursos de Aprendizaje:

Documentación de Plotly: La documentación oficial de Plotly proporciona tutoriales detallados, ejemplos de código y guías para utilizar Plotly en Python.

Dash User Guide: Para aprender sobre Dash, la biblioteca para construir aplicaciones web interactivas, la guía del usuario de Dash es una excelente referencia.

Plotly Graphing Libraries: Plotly tiene distintas bibliotecas para diferentes lenguajes, así que puedes explorar la documentación de Plotly para JavaScript y Plotly para R si usas esos lenguajes.

Cursos y Tutoriales:

Coursera y Udemy: Plataformas como Coursera y Udemy ofrecen cursos dedicados a la visualización de datos con Plotly, Dash y otras herramientas.
YouTube: Hay muchos canales en YouTube que ofrecen tutoriales y ejemplos sobre cómo utilizar Plotly para visualización de datos.

Eventos y Conferencias:

Plotly Webinars: Plotly organiza webinars periódicos sobre temas relacionados con visualización de datos, Dash, Plotly Express, entre otros.
Conferencias de Datos y Visualización: Asistir a conferencias y eventos de visualización de datos, como PyData y Data Visualization Society, puede ser una excelente manera de aprender y conectarse con profesionales del campo.

Estos recursos y comunidades pueden ser excelentes lugares para aprender, obtener ayuda, compartir conocimientos y mantenerse actualizado con las últimas tendencias en visualización de datos utilizando Plotly y herramientas relacionadas.

Prácticas recomendadas y consejos finales:

Aquí tienes algunas prácticas recomendadas y consejos finales al trabajar con Plotly y la visualización de datos:

1. Conoce la Documentación:

- Familiarízate con la documentación oficial de Plotly. Es una gran fuente de información, ejemplos y referencias para aprender y resolver problemas.

2. Explora Ejemplos:

- Revisa ejemplos y galerías de gráficos disponibles en la documentación de Plotly. A menudo, ver ejemplos puede inspirarte para tus propias visualizaciones.

3. Mantén las Visualizaciones Simples:

- Prioriza la claridad y la simplicidad en tus gráficos. Evita el exceso de colores, elementos o información que pueda abrumar al espectador.

4. Interactividad con Moderación:

- Usa interactividad cuando sea útil y mejore la comprensión de los datos, pero no exageres. Asegúrate de que la interactividad sea intuitiva y no distraiga.

5. Personalización y Estilo:

- Aprovecha las opciones de personalización de Plotly para adaptar tus gráficos. Ajusta colores, títulos, etiquetas, ejes, entre otros, para transmitir tu mensaje de manera efectiva.

6. Experimenta con Dash:

- Si necesitas crear aplicaciones interactivas, considera
  aprender Dash, la herramienta de Plotly para construir
  aplicaciones web. Es fácil de usar y se integra bien con
  Plotly.

7. Comparte y Colabora:

- Comparte tus visualizaciones y colabora con la comunidad.
  Puedes obtener valiosos comentarios y aprender nuevas
  técnicas al compartir tu trabajo.

8. Mantente Actualizado:

- La visualización de datos es un campo en constante
  evolución. Mantente al tanto de las actualizaciones, nuevas
  características y tendencias en Plotly y la visualización de
  datos en general.

9. Prueba Diferentes Tipos de Gráficos:

- Experimenta con diferentes tipos de gráficos. No te limites
  a un solo tipo; explora gráficos de barras, líneas, dispersión,
  contorno, etc., para presentar tus datos de manera efectiva.

10. Practica y Explora:

- La práctica constante es clave para mejorar en
  visualización de datos. A medida que te familiarices más
  con Plotly, experimenta con conjuntos de datos reales para
  mejorar tus habilidades.

Estos consejos te ayudarán a aprovechar al máximo Plotly y crear visualizaciones efectivas y atractivas para tus datos. ¡No dudes en seguir explorando y experimentando para mejorar tus habilidades en visualización de datos con Plotly!